HANNA SCHOTT

MONO TASKING

MEIN ABSCHIED VOM ALLESAUFEINMAL-WAHN

adeo

Ich habe seit etwa einem Jahr kein elektronisches Gerät mehr runtergefahren. Das soll ja auch besser für die Festplatte sein. Und Strom sparen. In den ersten Monaten habe ich abends zumindest am Laptop noch alle Programme geschlossen. Es gab mir das Gefühl, einen gewissen Abschluss zu schaffen, die Arbeit „schlafen zu legen". Dann habe ich erst die Texte, an denen ich gerade arbeite, und schließlich auch die Internetseiten, auf denen ich zuletzt war, nicht mehr geschlossen. Ich mache da ja sowieso nach den paar Stunden Schlaf weiter.

Meine Antennen in die Welt hinein bleiben seitdem ausgefahren. Ich bin immer offen, empfangsbereit, weniger schlafend als im Stand-by-Modus schlummernd.

Vor einigen Monaten ist meine Tochter in die USA gezogen. Jetzt lohnt es sich, auch morgens ums sechs nach Mails zu schauen, und meistens finde ich da auch irgendeinen Gruß oder einen interessanten Link, auf der anderen Seite des Atlantiks losgeschickt, bevor sie dort zu Bett gegangen ist. Die „tote" Zeit ist auf wenige Stunden geschrumpft.

Ich werde jetzt kein Lamento folgen lassen. Ich liebe nämlich dieses Leben und finde es zum Beispiel weit interessanter als das, was ich früher als Studentin geführt habe. Einsam in einer fremden Großstadt, ohne einen Menschen zu kennen. Es dauerte verregnete Winterwochen, ehe freundschaftliche Kontakte geknüpft waren. An Sonntagnachmittagen stand ich vor besetzten Telefonhäuschen, und wenn ich endlich dran war, fielen die blöden Zehnpfennigmünzen laut klappernd die Metallbahn hinab, statt eine Verbindung zu schaffen.

Jetzt sind alle immer mit allen verbunden. „Alles Liebe! Herzlich grüßt …“, schreibe ich von morgens bis in die Nacht unter meine Nachrichten. Zwei Telefone, ein Smartphone und ein Laptop spinnen Fäden, klingeln, vibrieren, imitieren Gitarrenklänge und das zarte Anstoßen eines Löffels an ein Glas. „Hallo, hier ist die Welt, ist alles okay? Ich mache gerade dies und denke über das nach.“ So viele nette, interessante, wichtige, tolle Leute treffe ich virtuell jeden Tag.

Das meine ich nicht ironisch. Sie sind nett, interessant, wichtig und toll. Und alle mit mir verbunden! Dabei bin ich noch nicht mal bei Facebook, habe keinen Blog und twittere nicht.

Im Multitasking war ich schon immer gut. Solange meine Halswirbelsäule es noch mitmachte, habe ich beim Bügeln telefoniert und beim Telefonieren die Spülmaschine ausgeräumt. Da ich keine ausgeprägte Rechts- oder Linkshänderin bin, sondern viele Dinge beidhändig erledigen kann, putze ich mit links, während ich telefonierend durch die Wohnung laufe und mir zwischendurch Notizen mache. Wenn der Gesprächspartner langsam formuliert oder langstielig erzählt, mache ich nebenbei Gymnastikübungen auf der Matte. Oder ich lese währenddessen meine Mails, manchmal schreibe ich auch welche, ganz leise tippend, versteht sich. Nur wenn ich mit einer blinden Freundin telefoniere, traue ich mich das nicht. Ich bilde mir ein, sie würde es sofort bemerken.

Ich habe kein Aufmerksamkeits-Defizit. Wenn ich irgendetwas Vergleichbares habe, dann ist es ein Aufmerksamkeits-Überschuss. (Und es würde mich nicht wundern, wenn das für viele der sogenannten ADS-Kinder auch gälte.) Meine Aufmerksamkeit vagabundiert, findet überall Interessantes, Attraktives, Unerhörtes, Dinge, denen sie unbedingt nachgehen möchte. Hast du das gelesen? Hast du das gesehen? Hättest du das gedacht? Wusstest du schon? – Nein, ist aber superinteressant. Müsste man mal vertiefen.

Genau: vertiefen.

Wie ging das noch mal? Bin ich früher irgendwie „eine Etage tiefer gekommen" als heute?

Kann sein. Ich erinnere mich an Situationen, in denen ich völlig die Zeit vergessen habe. So tief war ich in eine Sache versunken. In ein Buch, in ein Gespräch, ins Schreiben einer Geschichte. An einem Vormittag schrieb ich für ein Kinderbuch eine längere Szene: ein Gespräch am Mittagstisch. Leipzig, im Oktober 1989. Eine Familie muss entscheiden, ob sie an den Montagsdemonstrationen teilnimmt oder nicht. Gegen 14 Uhr (in meiner Welt) schaute ich auf die

Uhr: Meine fiktive Familie war mit dem Essen fertig. Aber hatte ich selbst eigentlich auch schon etwas gegessen? Ich konnte mich partout nicht erinnern und musste in die Küche gehen, um nach Indizien zu suchen: War da ein Topf, ein gebrauchter Teller, der auf eine Mahlzeit hinwies?

Das Ergebnis habe ich vergessen, aber ich weiß noch genau: Es war ein glücklicher Tag.

Ich schreibe dieses Buch für mich. Wie sagte schon der Apostel Paulus? „Ich will nicht anderen predigen und selbst verwerflich werden." In den letzten Monaten hat sich nämlich eine gewisse Unzufriedenheit mit meinem „Ich-bin-immer-und-überall-aufmerksam-und-erreichbar"-Lebensstil eingeschlichen. Wenn ich in den Spiegel schaue, wundere ich mich, dass ich nicht eine völlig zerzauste Frisur habe. Auf meinem übervollen Kopf müsste eigentlich ein wirrer Wuschel sprießen.

Zeit für einen Selbstversuch. Mit dem Verlag habe ich abgesprochen, dass ich so viel Zeit habe, wie ich brauche. Kein Abgabetermin, keine Deadline (was für ein schauriges Wort!). Irgendwann wird es fertig sein. Wenn es dann gut ist, kann es erscheinen. Und vielleicht irgendjemandem Anregung für eigene Erfahrungen geben.

Ich habe kein Burn-out. Aber ich will auch gar nicht erst dahinkommen. Ich kann mir keine „Auszeit“ oder gar ein Sabbatjahr erlauben; als Selbstständige muss ich mir jeden Tag neu die Butter aufs Brot verdienen. Aber ich möchte dennoch „runterfahren“. Wenigstens stundenweise oder auch mal tageweise. Mich freuen, dass die Welt sich weiterdreht, während ich selbst gerade nichts dazu beitrage, das Rad in Schwung zu halten.

Vielleicht sehe und erlebe ich ja weniger, wenn ich den „Modus“ ändere. Dann möchte ich das mal eine Weile aushalten. Vielleicht sehe und erlebe ich aber auch mehr? Es könnte ja sein, dass ich Dinge entdecke, die vor meiner Nase liegen, über die ich aber bisher – immer multibeschäftigt – einfach hinweggestiefelt bin.

Was mir vorschwebt, ist kein Aussteigerprogramm im Stil von *Melken lernen auf der Alm* statt *Multitasking im Großraumbüro*. Geschichten vom kalten Entzug haben natürlich ihren besonderen Reiz. Leider bleibt am Ende meist unklar, wie es im normalen Leben weitergehen soll. Mein Ziel ist weitaus bescheidener, eigentlich nur ein schlichter Wunsch: Ich möchte lernen, eine Sache zu machen, ganz, konzentriert, mit all meiner Aufmerksamkeit, ohne Nebengedanken und ohne schlechtes Gewissen. Und dabei Dinge verpassen, ohne es zu bedauern.

Ob das geht? Und wie das funktionieren soll? Ich will dazu eine alte Methode ausprobieren, die in den letzten Jahrzehnten aus der Mode gekommen ist: die Übung.

Ich weiß nicht, warum, aber das Wort Übung hat irgendwann einen negativen Klang bekommen. Üben muss nur, wem eine Sache nicht gleich gelingt. Wer also ein bisschen minderbegabt ist oder zumindest begriffsstutzig. Helle Köpfe können alles auf Anhieb, weniger helle müssen üben. Egal ob Mathe oder Klavieretüden.

Ich möchte mit dem Wort Übung gerne wieder Positives verbinden: Was mir schwerfällt – zum Beispiel die Konzentration auf eine einzige Sache –, möchte ich durch häufige Wiederholung zu etwas machen, das mir tatsächlich gelingt. Vielleicht eines Tages sogar mühelos und leicht.

„Nur für Geübte" habe ich neulich auf einem Schild am Wanderweg gelesen. Ein steiler Pfad führte zu einem Joch am „Wilden Kaiser" in Tirol. Kein Mensch käme auf die Idee, dass nur Minderbegabte für diesen Steig Übung nötig hätten.

Ich fange einfach mal an. Es ist jetzt Mitte Oktober, für Menschen, die wie ich in der Buchbranche tätig sind, die stressigste Zeit des Jahres. Wenn ich irgendwann Konzentration, Gelassenheit und tägliches „Runterfahren" nötig habe, dann jetzt. Wie wäre es, wenn ich Weihnachten als Zielpunkt meines Versuchs ins Auge fasse? Neben dem dienstlichen also auch den privaten Stresshöhepunkt des Jahres mit hineinnehme? Ein Blick in den Kalender: Das wären ja volle zehn Wochen! Wenn ich die Zeit bis Silvester noch dazunehme, genau 80 Tage. Illusorisch, oder?

Wenn Sie dieses Buch in Händen halten, wissen Sie mehr.

Ich habe übrigens neulich den „Flugmodus“ meines Smartphones entdeckt: Das Gerät ist an, ich kann verschiedene Funktionen wie den Wecker benutzen, aber es nimmt keine Anrufe und Mails entgegen und strahlt auch nicht. Vielleicht sollte das ein Lebensgefühl werden, das ich mir ab jetzt immer mal wieder erlaube? „Wechsele jetzt in den Flugmodus. Bis zum Herabgleiten grüßt …“

Hanna Schott

TAG 1

Multitasking geht ins Auge

Gestern war ich auf der Buchmesse in Frankfurt, heute rauschen mir noch die Ohren. Der ideale Tag, um mit dem Runterfahren und Monotasken zu beginnen. Außerdem ist Samstag. Den muss der Christenmensch ja nicht heiligen, jedenfalls ist ihm das nicht ausdrücklich geboten, aber er darf ihn heiligen. Oder irgendwie semi-heilig halten. Das ist meine Option.

Also vormittags Mails, Restposten der Arbeitswoche, rund um den Schreibtisch aufräumen, Altpapier runterbringen, einkaufen. Dann: Kür. Ich rufe eine Freundin an und frage, ob sie Lust auf Kürbissuppe hat. Ein großer Kürbis schaut mich nämlich seit Wochen durch die Terrassentür zunehmend traurig, fast schon vorwurfsvoll an.

Ja, sehr gern, sagt die Freundin.

Ich schlachte den Kürbis, entscheide mich – denk an Monotasking! – dagegen, das Radio einzuschalten, und werkele friedlich vor mich hin. Zwiebel, Linsen, Ingwer, Chili … Vom Laptop nebenan (er hat sich ja nicht für Monotasking entschieden, ich will ihn auch nicht bevormunden, und deshalb döst er mit allerhand offenen Fenstern vor sich hin) ertönt ein Pling. Mit Radio nebenbei hätte ich das gar nicht gehört. Entdecke ich etwa schon den ersten Nachteil des Monotaskings? Prompt laufe ich hin, nur mal gucken, wer da wohl mailt. Ach, tatsächlich, das ist nun wirklich etwas extrem Wichtiges. Aus vier Varianten eines Buchcovers muss heute noch die eine, die beste ausgewählt werden. Am Montag wird gedruckt. Mit von der Chilischote leicht geröteten Fingern haue ich schnell meine Kommentare zu den Covern in die Tasten. Am linken Auge juckt mich was, ich führe den Zeigefinger zum Auge … Es folgt eine beschauliche halbe Stunde, oder viel eher eine halbe Stunde, in der ich gar nicht schaue, jedenfalls nicht mit dem linken, tränenden und höllisch brennenden Auge. Stattdessen warte ich einfach ab, versuche mich abzulenken, rühre ein bisschen in der Suppe … pures Monotasking.

Dass mir das gerade am ersten Tag bei meinem ersten „Vergehen" passiert, klingt unwirklich, ist es aber nicht.

Wie viele winzige Chiliteilchen kleben wohl noch an der Tastatur? Sie halten Mahnwache, vermute ich.

TAG 2

Tatort und Teresa

Es ist Sonntag, und mein heiliger Tag spannt sich ganz traditionell vom Gottesdienst bis zum Tatort. Was soll da schon gegen Monotasking sprechen? Selbst bei stocklangweiligen Predigten habe ich noch nie ernsthaft darüber nachgedacht, „heimlich“ SMS zu schreiben. Eher schon gehe ich gedanklich ein bisschen spazieren, aber das soll an geweihter Stätte ja schon einige auf so manche gute Idee gebracht haben. Der Geist weht, wo er will. Mal mehr auf der Kanzel, mal mehr zwischen den Bankreihen.

Für den Abend greife ich zu einem Trick, um das Monotasking einfacher zu machen: Ich schaue den Tatort nicht vor dem eigenen Fernseher, wo Telefon, Kühlschrank und andere Verführer nur darauf warten, mir Nebenbei-Beschäftigungen aufzudrängen, sondern laufe eine Viertelstunde durch den Regen, um die Sendung gemeinsam mit einem Freund zu schauen. Das ist ohnehin unterhaltsamer und beschert mir nach einer anregenden Fallanalyse noch etwas Bewegung. So spannend wird es dann nicht, deshalb können mich auf dem Rückweg auch die leeren, dunklen Straßen nicht schrecken. Im Tatort werden ja gern Menschen ermordet, die in großzügigen Bungalows mit riesigen Glasfenstern wohnen, durch die sie noch kurz vor dem Mord gedankenverloren auf den nahen See geschaut haben. Das Haus, in dem ich wohne, steht zwar am Waldrand, ist aber ansonsten tatortunverdächtig, befinde ich auf dem Nachhauseweg. Ungerührt steige ich die steile Treppe zu meiner Dachwohnung hinauf.

Die „Predigt", die mich heute erreicht hat, habe ich nicht in der Kirche gehört, sondern im Radio. Ein Porträt der heiligen Teresa von Ávila hat mich so gefesselt, dass ich meine Rückenübungen am Morgen ganz, ganz langsam und ausführlich gemacht habe, während ich fasziniert lauschte. Diese Art von Bitasking werde ich mir erlauben, habe ich heute beschlossen. Je besser das Radioprogramm, desto gestärkter meine Wirbelsäule. Das kann doch nur gut sein.

Teresa von Ávila muss bei aller Heiligkeit und bei allem, was mir fremd ist oder einfach unerreichbar erscheint, einen besonderen Humor gehabt haben. „Gott, bewahre mich vor Leuten, die so übergeistlich sind, dass sie aus allem vollkommene Kontemplation machen!", schrieb sie gegen Ende ihres Lebens. Da war sie selbst längst eine Meisterin der Kontemplation. Wie mag ihr das gelungen sein, wenn sie nicht nur 15.000 (!) Briefe verfasste, sondern auch unzählige geistliche

Werke schrieb, weite Reisen machte – und das alles vor der Erfindung des Diktiergeräts und des ICEs?

War sie vielleicht – ich wage es nicht zu denken – einfach extrem gut im Multitasking?

Ich muss das herausbekommen. Für heute notiere ich mir einen Satz der Sendung: „Man soll auf den verstreuten Verstand nicht mehr geben, als wäre er ein Verrückter, und man soll ihm seine Schrullen lassen, denn die kann ihm nur Gott nehmen.“

Amen.

TAG 3

Montag: die Härte

Die Tatsache, dass ich an einem Wochenende mit meinem Selbstversuch begonnen habe, hat mir einen sanften, geradezu harmlosen Einstieg beschert. Heute wird es ernst, dieser Montag wird meinen Willen zum Monotasking auf die Probe stellen. Ich weiß das schon vor dem Frühstück, denn heute Nacht um vier Uhr ist mir alles eingefallen, was das wuselige Buchmesse-Leben und das fröhliche Wochenende überdeckt hatten: To-dos über To-dos, mündliche Versprechen, mit orangefarbigen „Noch-zu-bearbeiten!“-Fähnchen versehene Mails, eine Telefonkonferenz in einer etwas heiklen Angelegenheit, vier Geburtstage allein in dieser Woche, zu denen ich mich in irgendeiner Form mit fröhlicher und origineller Post melden sollte, eine ganztägige Sitzung in einer entfernten

Stadt, auf die ich mich vorbereiten will … Und dann natürlich das Buch, an dem ich eigentlich schreibe. Ganz abgesehen von den Notizen für dieses Monotasking-Projekt, von dem ich noch nicht weiß, ob es einmal ein Buch werden wird.

Ich beginne mit der Sache, die mir heute Nacht am meisten zu schaffen gemacht hat: Eine befreundete Autorin möchte, dass ich ihren umfangreichen Zeitschriftenartikel, der seit einer Woche ungelesen bei mir im Postfach liegt, nicht nur redigiere, sondern schon im Entstehungsprozess, sozusagen Satz für Satz, Gedanke für Gedanke, begleite, kommentiere, mit meinen Verbesserungsvorschlägen anreichere. Das kann ich nicht, und ich maile es ihr gleich, während ich den ersten Kaffee trinke. Freundlich, aber bestimmt, und natürlich begründet. Wenn sie jetzt sauer oder beleidigt ist, muss ich es ertragen.

Es dauert keine zwei Stunden, da habe ich ihre Antwort. „Ich bin dir sehr dankbar …“, beginnt die Mail.

Uff. Nächster Punkt.

Ich ackere mich durch einen vollen Tag, immer brav eins nach dem anderen, bis ich gegen Abend kapituliere. Es ist noch so viel zu tun. Beim Telefonieren fange ich an, die Namen, die mein Gegenüber nennt, gleich zu googeln. Ich folge weiteren Links, während das Gespräch weitergeht, von mir nur noch mit halbem Hirn bedacht.

Jetzt reicht's. Ich klappe den Laptop zu und gehe eine Runde über die Felder, den malerischen Abendhimmel im Blick. Was ich heute erlebt habe, könnte als Beleg für meine Vermutung gelten, dass Multitasking gar nicht die Leistung eines fitten Kopfes ist, sondern, ganz im Gegenteil, ein Zeichen abnehmender Konzentration. Ein Symptom der Unfähigkeit, bei einer einzigen Sache zu bleiben. Jedenfalls war es heute und bei mir so. Ich will das lieber nicht verallgemeinern.

TAG 4

Mystik für Anfänger

Ich bin nicht so die Mystikerin. Das haben sich der aufmerksame Leser und die aufmerksame Leserin jetzt sicher schon gedacht. Teresa von Ávila mögen ja auch die, die eher ihre „Christus-bei-den-Kochtöpfen"-Zitate lieben und denen es einfach nur leidtut, wenn sie darüber nachdenken, dass diese arme junge Frau sich fastend und selbstkasteiend zu einem heiligmäßigen Leben durchgequält haben könnte. In solchen Schreckensbildern

stelle ich fromme Warmduscherin mir das jedenfalls vor. Mein fehlendes Talent zur Mystik ist mir aber nicht egal. Unzählige Male habe ich das Zitat von Karl Rahner gehört oder gelesen: „Der Fromme von morgen wird ein Mystiker sein, einer, der etwas erfahren hat, oder er wird nicht mehr sein." Das hat er schon 1966 gesagt. Der Fromme von morgen ist also die Fromme von heute. Ich zum Beispiel. Und tatsächlich kann man ja seit einigen Jahren an jeder Ecke meditieren, sogar in meinem kleinen Städtchen. „Decke und warme Socken mitbringen. Bänkchen stehen zur Verfügung." Ob Rahner das meinte? Vielleicht. Vielleicht auch nicht. Ich könnte es ja einfach mal ausprobieren. Aber lieber nicht mit all den Leuten (schätzungsweise ausschließlich Frauen), die ich schon seit Kindergartenelternabend-Zeiten kenne. Die vermute ich jedenfalls dort. Mit ihnen in einem Raum zu sitzen wäre irgendwie unmystisch. Außerdem sitze ich äußerst ungern auf Meditationsschemeln. Sie regen mich nur zum intensiven Nachdenken über Kniescheiben, Fußgelenke und abgeklemmte Blutgefäße an.

Ich müsste also einen anderen Ort suchen.

„… oder er (also sie) wird nicht mehr sein."

Google wird Rat wissen. Es muss ja noch andere Gruppen geben.

Was das mit Monotasking zu tun hat?

Ich stelle mir das vollkommene Monotasking wie Meditation vor. Egal, was ich gerade tue, ich tue diese eine Sache ganz, hingegeben, mit aller Kraft und Aufmerksamkeit, die ich gerade habe. Und wenn alles, aber wirklich ausnahmslos alles mit Gott zu tun hat, dann müsste ich ihm doch in dem, was ich tue, auch begegnen können. Ein Nebengedanke: Kann ich Gott nicht auch im Multitasking begegnen? Wenn für Gott Raum und Zeit keine Bedeutung haben, jedenfalls nicht die, die sie für uns haben, dann dürfte er jedem Menschen in jeder vorstellbaren Situation begegnen können, selbst dem multiabgelenkten Multitasker. Von seiner Seite her also kein Problem. Von meiner eventuell aber doch …

Ich bin mit meinem Tag unter dem Aspekt Selbstversuch ganz zufrieden. Mein Dienstag ist immer weniger stressig als der Montag. Die Versuchung, heimlich zu multitasken, war dementsprechend geringer. Ein vielbeschäftigter Therapeut und Autor hat mir heute eine Software zur Spracherkennung empfohlen, die seiner Meinung nach meine Arbeit revolutionieren könnte. Statt mit drei bis vier Fingern irrtumsreich hin und her über die Tastatur zu fliegen, könnte ich gelassen im Ohrensessel sitzen und Mails diktieren, sogar ganze Bücher. Könnte das mein Leben entspannter machen, oder ist es eine dieser Erfindungen, die an einer Ecke Zeit sparen, um sie mir an der anderen wieder zu stehlen?

Eine Kollegin, die ein Buch über Teresa von Ávila geschrieben hat, habe ich vorgestern per Mail gefragt, ob es im 17. Jahrhundert eine Frühform des Multitaskings gegeben haben könnte. Heute kommt ihre Antwort: „Die gute Teresa … Ja, ich glaube, diese Frau hat wirklich Dinge geschafft, die jedem von uns heute zu viel wären. Dabei war sie noch ständig krank. Sie hat ihre Briefe und Werke diktiert, und zwar einer Schwester, die ihr gegenübersaß."

Diktiert! Soll ich das als himmlischen Rat nehmen?

TAG 5

Mindfulness

Eine Freundin ruft an. Sie arbeitet bei einer öffentlich-rechtlichen Fernsehanstalt, und da gerade ein Beitrag von ihr aus einer Sendung katapultiert wurde, weil irgendwas anderes noch aktueller oder quotenversprechender war, hat sie eine komplette Stunde unerwartet frei. Ich erkenne meine Chance, eine der Superbeschäftigten dieser Republik in einem ihrer seltenen entspannten Momente zu interviewen, und frage sie sofort: „Wie hältst du's mit dem Multitasking?"

„Gute Frage. Ich mache es ständig, und es macht mich eigentlich ständig unzufrieden. Ich gucke zum Beispiel berufsbedingt einen großen Teil des Tages Fernsehen. Der Apparat läuft, ich schaue mit einem Auge, was die Kollegen machen, und mit dem anderen lese ich Zeitung, sortiere Post, erledige dies und das … Zu Hause geht es so weiter, nur dass ich dann nebenbei aufräume, stricke, koche …"

„Machst du das gern?"

„Eigentlich immer noch nicht, obwohl ich seit Jahren darin geübt bin. Nach einem Tag voller Multitasking hab ich eigentlich immer ein schales Gefühl: Der Tag war ein Puzzle aus tausend kleinen Teilen, aber das Ganze gibt kein schönes Bild, es ist irgendwie nicht befriedigend."

Dann erzählt sie mir von der täglichen Telefonkonferenz der verschiedenen Sendeanstalten. Jeder weiß von seinem unsichtbaren Gegenüber, dass er/sie nebenbei mit anderen Dingen beschäftigt ist, genau wie man selbst. Allen gemeinsam ist auch, dass sie auf zwei, drei Stichwörter konditioniert sind, die sie sofort aufschrecken und in den „Ich-bin-voll-da"-Modus wechseln lassen: ihr eigener Name, der Name ihres Sendeortes und der Name des eigenen Vorgesetzten. Wer plötzlich dran ist, hat natürlich die letzten Sätze verpasst und schwimmt ein paar Schrecksekunden lang: „Äh …, ich verstehe …, Sie meinten …"

Nicht schlimm. Alle anderen sind ja schon wieder abgetaucht.

„Schaffst du mit Multitasking nachweislich mehr, als du schaffen würdest, wenn du eine Sache nach der anderen machen würdest?"

„Ich hoffe es … Vermutlich schon. Anders läuft unser Arbeitsleben nun mal nicht. Aber ich habe letztes Jahr einen MBSR-Kurs gemacht, acht Wochen lang. Mindfulness-Based Stress Reduction, ein Training in Achtsamkeit."

„Hat es dein Leben verändert?"

„Na ja, also ich höre jetzt manchmal auf meinen Atem, auch mitten am Tag. Doch, doch, das tut schon gut."

„Nimmst du dir am Abend oder am Morgen ein paar Minuten Zeit für das Achtsamkeitstraining?"

„Nein, am Morgen bin ich zu müde, und am Abend bin ich erst recht zu müde."

Wir seufzen beide.

„So, ich muss jetzt wieder."

„Viel Erfolg!"

TAG 6

Lieblingsort: unterwegs

Wo wäre ich lieber als da, wo ich im Moment bin? Und was täte ich lieber?

Ich sitze im Zug und frage mich, was ich mich immer wieder mal frage, wenn sich ein kleines Unbehagen einstellt, eine Art Ziehen im Kopf oder Bauch: Gibt es einen Ort, an dem ich jetzt lieber wäre?

Mein Zug nach Frankfurt hat inzwischen 40 Minuten Verspätung; nach dem Umsteigen wird diese Neuigkeit um mich herum gerade von etwa zehn Leuten nahezu synchron ins Handy gesprochen.

Wenn ich mal von illusorischen Vorstellungen absehe („Am Strand von XY, die Sonne geht gerade unter, jemand reicht mir einen kühlen Apéro …"), dann muss ich ehrlich sagen: nirgends. Bahnfahren ist für mich, bei Licht betrachtet, die angenehmste Art des Multitaskings. Ich bewege mich, genauer: Ich werde bewegt, ohne mich darum zu kümmern und auf den Weg achten zu müssen, vor mir ein Kaffee, eine Zeitung, ein Buch. Das, was jetzt geschieht, hängt nur zu Teilen von mir ab. (Oh. Gerade überholt uns der ICE, den ich nicht genommen habe, weil der, in dem ich sitze, schneller sein sollte.)

Im Auto habe ich das Gefühl, selbst für alles verantwortlich zu sein, was passiert. „Hätte ich Trottel doch diesen Stau umfahren!“, beschimpfe ich mich dann selbst. Im Zug regiert das blinde DB-Schicksal. Ein wohltuender Kontrast zu meinem „Alles-hängt-allein-von-mir-ab“-Alltag. Wenn ich im Zug arbeite und etwas geschafft bekomme, kann ich stolz auf mich sein. Wenn nicht, ist es angesichts dieser Umstände kein Wunder. Ich schließe mit gutem Gewissen am helllichten Tag die Augen und höre Musik. Meinem Ziel komme ich dennoch näher. In Abwandlung eines Gedichts von Bert Brecht könnte ich sagen: „Ich bin gern, wo ich herkomme. Ich bin gern, wo ich hinwill. Und besonders gern bin ich dazwischen.“ Anders als in vielen anderen Situationen: Voller Geduld.

Ein grotesk übergewichtiger Mann schreitet ganz langsam durch den Mittelgang des Großraumwagens. Und wo findet er seinen reservierten Platz? Neben mir. Er lässt sich ganz vorsichtig nieder, trotzdem bange ich um die Gesundheit seines Sitzes. Mein

erster Gedanke: Wie kann ein Mensch nur sooo ...!? Mein zweiter: Der hat ja eine verblüffende Ähnlichkeit mit Pavarotti. Ich würde gern mal seine Stimme hören!

Aber ausgerechnet dieser Mann telefoniert nicht. Er schaut still vor sich hin und macht eine ganze Stunde lang nichts. Einfach gar nichts. – Doch nicht Pavarotti, sondern ... Buddha?

TAG 7

Stimmlos

Mein Selbstversuch entwickelt sich in einer Weise, die ich nicht steuern kann. Nach der Buchmesse folgte die Erkältung. Das ist absolut branchenüblich und ein viel beschriebener Brauch, aber jetzt habe ich keine Stimme mehr. Ich kann zwischen einem dahinsiechend klingenden Hauchen und einem leisen, abgrundtiefen Brummen wählen. Also schweige ich. Reden, Telefonieren, Singen und vieles mehr geht also nicht. Damit hätte sich das schon mal erledigt.

Meine verschärfte Multitasking-Sensibilität hat mich die Tagung gestern in einem neuen Licht sehen lassen. Wer simst während des Vortrags? Wer checkt seine Mails, obwohl es so aussieht, als würde er mitschreiben? Wer grinst wohl wegen eines Facebook-Eintrags, den er soeben entdeckt hat, und nicht wegen des bemühten Witzes, den der Referent gerade gemacht hat?

Ich stelle mir vor, ich befinde mich im Jahr 2022. Multitasking wird inzwischen als gesundheitsschädlich betrachtet. Wer eine SMS schreiben will, muss vor die Tür gehen. Auf jedem Smartphone klebt eine Aufschrift: Multitasking lässt Sie früher altern. Multitasking vertieft die Falten über Ihrer Nasenwurzel. Multitasking führt zu Knoten in Ihrem Gehirn.

Die Multitasking-Junkies verlassen alle halbe Stunde den Saal und treffen sich draußen. Sie reden nicht miteinander, weil sie beim Posten, Simsen, Twittern und Mailen über Kopfhörer Musik hören. Aber die Junkies schenken einander ein wissendes Grinsen. Und genau wie bei den Rauchern bessert sich ihre Gesundheit schlagartig: Nie zuvor waren sie so viel an der frischen Luft.

Mehr als alles andere sind sie übrigens mit einer Kommunikationsform beschäftigt, die, während ich dies schreibe, noch ihrer Erfindung harrt. Ihren Namen ahne ich nur, ich glaube, irgendwas wie Global Ego Watch Exchange oder so ähnlich.

Ich bin an diesem Freitagabend mit einer Gruppe von Freunden zu einem kleinen Konzert mit anschließendem Besuch eines türkischen Restaurants verabredet. Ich sage nicht ab; bei Stimme zu sein, ist vermutlich keine Voraussetzung.

Das wird der ultimative Monotasking-Abend, wenn man Zugucken und Zuhören nicht als zwei getrennte Tätigkeiten zählen will, überlege ich mir, während ich mich fertig mache. Doch nach dem Konzert – schweigend genossen, wie es bei Musik dieses Genres üblich ist– löst sich bei gutem Essen und türkischem Wein nicht nur die Zunge, sondern auch der Kehlkopf. Meine Stimme ist wieder da, nur tiefergelegt. Es widerstrebt mir, an dieser Stelle den Alkohol weiter zu preisen. Ende des heutigen Eintrags.

TAG 11

Es gibt nur einen

Ja, genau, da fehlen vier Tage. Das Ministerium für Aufgaben und Angelegenheiten – das Einzugsgebiet meines Schreibtisches – war überlastet. Und mit der redaktionellen Bearbeitung meines Lebens kam ich dementsprechend nicht hinterher. Dabei bin ich nicht unzufrieden. Ein paar Dinge scheinen sich einzuspielen: Radio ausschalten, wenn ich in die Zeitung gucke, Laptop zuklappen, wenn ich ans Telefon gehe – da hapert es jedoch noch ein bisschen, weil der alberne Gedanke, irgendwas zu verpassen, nicht leicht zu verbannen ist. Zu guter Letzt: einen Artikel zu Ende lesen oder bearbeiten, auch wenn mich ein neuer Gedanke anspringt. Wirklich den ganzen Artikel? Na ja. Sagen wir: den Abschnitt, an dem ich gerade sitze.

Am Wochenende habe ich ein junges Paar besucht, um zur Geburt der Tochter zu gratulieren. Ich fühlte mich in eine Zeit des Monotaskings zurückversetzt, in der noch niemand ahnte, in wie kleine Teile man sein Leben zerlegen kann: die Zeit mit einem Säugling. Natürlich kann man versuchen, beim Stillen zu lesen, das Erstgeborene im Blick zu behalten oder gar zu telefonieren. Dennoch ist eines an den langen Tagen und in den kurzen Nächten mit einem Neugeborenen klar: Es gibt nur eine wichtige Sache, einen einzigen wirklich wichtigen Menschen auf der Welt. Gehört diese alles überstrahlende Überzeugung zur Stilldemenz, unter der junge Mütter nun mal leiden, oder war es ein geniale Trick der Natur, dass ich stillend und mit Kleinkindern auf dem Boden robbend alle Jugoslawienkrisen und -kriege verpasst habe? Ich habe das Paar im Umgang mit dem Baby betrachtet und sie ein bisschen um ihre glückselige Einfalt beneidet. Ein Paar, ein Baby, ein Tag, eine Aufgabe – mehr nicht. Jedenfalls an diesem Samstag.

Am Sonntag in der Kirche hätte ich gern mehr Zeit zur Konzentration auf eine Sache gehabt. Während der Pfarrer betet, kann ich mich innerlich einklinken und mitbeten. Aber natürlich kommen mir auch eigene Gedanken. Bis ich die gedacht und gebetet habe, ist die Karawane schon weitergezogen: Es wird gesungen, aufgestanden, das Glaubensbekenntnis gesprochen, sich wieder gesetzt, gesungen … Nicht so schnell! Bitte gebt mir wenigstens drei Minuten Stille, am besten 2 x 3 Minuten, wenn ihr die erübrigen könnt!

TAG 12

Herbst

Bei allerschönstem Sonnenschein und nur leichtem Wind fallen heute die Blätter so leise und regelmäßig von den Bäumen, dass es wie ein bunter Regen aussieht. Bei diesen Temperaturen kann ich sogar Ende Oktober auf der Dachterrasse arbeiten, begleitet vom papiernen Klang der trockenen Blätter, die auf den Dachpfannen landen. Nur wenn „mein" Eichhörnchen über die Äste fegt, verändert sich der Rhythmus der Musik, und ich schaue auf. Ist das Eichhörnchen eigentlich so unglaublich schnell, weil es in Eile ist? Versucht es eventuell sogar mehrere Sachen auf einmal zu erledigen? Oder ist es einfach ein Tempo-Freak?

Wenn wir aufgefordert werden, uns dem Rhythmus der Natur zu überlassen, soll das fast immer heißen: Werdet langsamer, entspannt euch, hört den Wellen zu, lasst die Seele baumeln … (Wenn ich noch ein Mal von einer Seele höre, die irgendwo baumelt … Ich kann keine baumelnden Seelen mehr ertragen!) Dabei folgt mein Eichhörnchen sicher auch dem Rhythmus seiner Natur, ein Leopard bestimmt genauso, und ein Gewitter erst! Spannung statt Entspannung. Und dabei so angstfrei und zielsicher springen wie der unglaublich flinke Turner über mir. Das wär schon was!

TAG 13

Genie und Handwerker

Temperatursturz von 24 auf 4° C. Das empfindet selbst mein unerschütterlich gut gelauntes Eichhörnchen als Zumutung und zieht sich beleidigt zurück.

Ich bereite ein Schreibseminar vor, bei dem ich acht Frauen in abgeschiedener, klösterlicher Umgebung zum eigenen Schreiben anleiten soll. Was hilft beim Schreiben? Was stört? Wie viel Selbstreflexion ist überhaupt hilfreich, und wann hindert es nur, wenn ich mir selbst beim Schreiben über die Schulter schaue?

Bernhard Schlink, der Mann, dem wir den „Vorleser" verdanken, hat einmal gesagt: „Ich will mir eigentlich keine Gedanken über das Schreiben machen, nicht über mein eigenes Schreiben und nicht über das Schreiben anderer. Ich will schreiben." Der Glückliche. Ich stelle mir den renommierten Schriftsteller zugleich als Genie des Monotaskings vor. Einer, der nur schreibt. Nicht mehr, nicht weniger. Dabei hat er einen bürgerlichen Beruf und ist auch als Jurist enorm erfolgreich. Der Mann muss zwei Köpfe haben. Aber egal, Menschen wie er buchen wohl kaum ein Schreibseminar.

Was uns beim Schreiben sicher helfen wird, ist äußere Ruhe. Dafür gehen wir ja ins Kloster. Aber dann, wenn die äußere Ruhe hergestellt ist … Wann kehrt auch ins Oberstübchen Ruhe ein? Und schafft diese Ruhe automatisch Raum für Kreativität?

Mir selbst kommen die besten Gedanken früh am Morgen, auf der Schwelle zwischen Schlafen und Wachen. Die nächtliche Müllabfuhr hat ihren Dienst getan, der ganze bunte Kram des letzten Tages ist durch die Sortiermaschine gegangen, zu Träumen recycelt habe ich manches in etwas bizarrer Form wiedergefunden. Kein Zensor hat gerufen: Aber das ist doch Quatsch! In echt gibt es das doch gar nicht!

Wenn das erledigt ist, gegen Morgen, gibt es diese kostbare Zeit: Der Zensor schläft noch, aber mein Kopf wacht schon auf. Genau diese Lücke im System nutzen ein paar Gedanken, um hervorzulugen: Wie wäre es …?

Einmal hatte ich einen besonders glücklichen frühen Moment: Der erste Satz eines ziemlich umfangreichen Buches, mit dem ich endlich beginnen wollte und musste, stand an einem Samstagmorgen fix und fertig auf meiner Bettdecke. Ich erkannte ihn sofort – „Stopp, bleib stehen! Du bist mein erster Satz!“ –, sprang auf, holte den Laptop ins Bett und schrieb ihn sofort auf. Und weil ich so überrascht und begeistert war, gesellten sich weitere Sätze dazu, und nach zwei Stunden war ich zwar immer noch ungeduscht und im Nachthemd, aber heilfroh, die ganze Bande eingefangen zu haben, bevor sie vom mäkelnden Rest meines Kopfes vertrieben werden konnte. … Dass der immer noch schlief, muss am Samstagmorgen gelegen haben.

So etwas kann man nicht lernen oder lehren, obwohl ein aufgeräumtes Schlafzimmer und ein ausgeschlafener Schädel sicher hilfreich sind. Es passiert. Oder es passiert eben nicht. Was ich den Seminar-Teilnehmerinnen zeigen kann, sind die Techniken und Kniffe meines Handwerks: Verben finden, die Gewicht haben; Sätze bauen, deren Rhythmus stimmt; Bilder wählen, die erhellen. Das ist nicht viel anders als einen Tisch zu schreinern, der nicht wackelt und auch noch gut aussieht: eine Sache der Übung und der Konzentration. Womit wir wieder bei Monotasking wären: Ob wir eine Atmosphäre schaffen können, die es jeder von uns ermöglicht, innerlich so frei und gleichzeitig so gesammelt zu sein, dass die Tage zum Erfolg werden?

TAG 14

Berlin

Ich vertraue mich wieder meinem bewährten Monotasking-Trainer an, der Deutschen Bahn. Vier Stunden, neun Minuten bis Berlin, eine dicke Samstagszeitung, die gut und gerne bis Hannover vorhält, ein Kaffee, ein Block Papier, ein Stift. (Okay, auch ein Handy, aber das wird wirklich sparsam eingesetzt.) In mir ist alles aufgeräumt und heiter, wie Mascha Kaléko sagen würde. Einziger Schönheitsfehler: Ich bewege mich weg vom sonnig-kalten Westen, immer weiter hinein in den neblig-trüben Osten. Was müsste ich zu Hause tun, um aus meinem Arbeitsplatz einen Großraumwagen der DB zu machen? Natürlich nicht vom Äußeren her, Rottöne liegen mir da mehr als strapazierfähiges Blaugrau, und der Kaffee zu Hause ist billiger und besser. Ich meine allein die Konzentration auf das Wesentliche, die mir die Bahn in vorzüglicher Weise aufdrängt.

Vielleicht sollte ich einen „Zugbegleiter" erfinden, der die nötigen Durchsagen macht? „Um 12.45 Uhr erreichen wir unseren nächsten Halt. Davor gibt es keine Möglichkeit auszusteigen und auch keinen Anschluss an irgendeine andere

Tätigkeit. Wir bedanken uns für Ihr Verständnis und wünschen gute Arbeit."

Eigentlich will und muss ich in Berlin eine Tagung besuchen, aber ich gerate erst einmal in einen unglaublichen Trubel. Berlin wird 775 Jahre alt, und das Museumscafé, in dem ich in aller Ruhe einen Kaffee trinken wollte, ist so rappelvoll, dass man meinen sollte, heute gäbe es alles umsonst – von wegen!

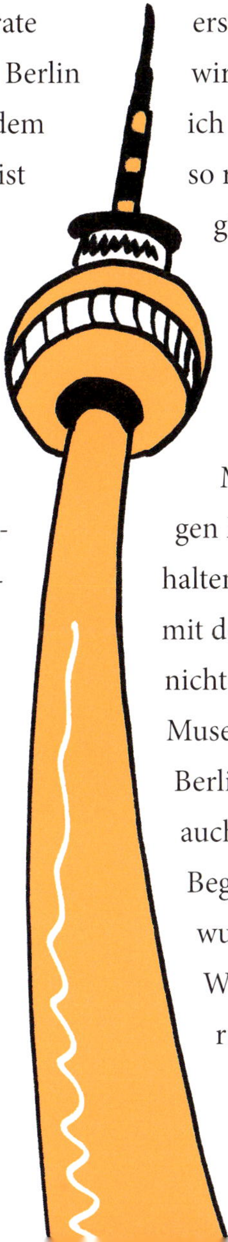

Alle Welt ist in Berlin, und tatsächlich erkenne ich in der drangvollen Enge des Cafés nur einen Meter entfernt einen Mann wieder, mit dem ich mich vor einigen Monaten bei einem Fest in Freiburg unterhalten habe. Allerdings flirtet der so heftig mit der jungen Frau an seiner Seite, dass er nichts anderes wahrnimmt. Nicht das Museale um sich herum, nicht das 775-jährige Berlin vor dem Fenster und natürlich auch nicht mich – im Vergleich zu seiner Begleitung ebenfalls eher museal. Welch wunderbares Bild des Monotaskings! Ein Wochenende – eine Aufgabe: diese Frau rumkriegen!

Während ich geduldig auf die Bedienung warte, frage ich mich, ob ich es eigentlich unter Multitasking verbuchen sollte, wenn mein armes Hirn gleichzeitig den Duft von Kaffee und Sauerkraut verarbeiten muss. Das ganz bewusste Schmecken und Riechen wird doch von den Achtsamkeitstrainern besonders empfohlen. Wissen die auch, wie man die Achtsamkeit der Nase verringert? Ich würde mir gern so etwas wie einen Tunnelblick für die Nase antrainieren: Monosmelling. Wie schön wäre es, jetzt ausschließlich Kaffee in der Nase zu haben!

Ganz im Ernst: Inwieweit kann ich lernen, meine Aufmerksamkeit zu lenken? Weg vom Sauerkraut, hin zum Kaffee, weg vom Martinshorn, hin zum Ruf der Kraniche, die in diesen Tagen in den Süden ziehen und auch nicht gerade leise sind?

TAG 15

Stille in Mitte

Ich besuche im Berliner Stadtkloster Segen – so heißt das wirklich – zum Abschluss des Tagungstages einen meditativen Abendgottesdienst. Die Predigt ist eigentlich keine Predigt, sondern die wunderbar langsame Lesung eines Textes aus dem Markusevangelium: die Geschichte von der sogenannten blutflüssigen Frau. Der Text wird so langsam vorgelesen, dass jede einzelne Szene mir als Bild vor Augen tritt. Und dann verlangsamt sich das gottesdienstliche Geschehen noch weiter: Drei kurzen Gedankenanstößen des Pfarrers folgen jeweils fünf Minuten Stille. 3 x 5 Minuten! Mehr als ich mir letzte Woche an dieser Stelle gewünscht habe – um genau zu sein: das Zweieinhalbfache.

Niemand rührt sich oder wird unruhig, es wird auch nicht gehustet, wie sich das zum Beispiel für Konzertpausen gehört. Es findet sich noch nicht einmal jemand, der ein Bonbon in Zeitlupe aus dem Knisterpapier befreit. Nur einmal lässt sich die Glocke hören, und man merkt, dass der Balken, an dem sie hängt, auch nicht mehr der Jüngste ist; ihre Schwingungen machen ihm zu schaffen. Dann ist es wieder ganz still, und mir wird beim Nachdenken über die Geschichte bewusst, dass Jesus hier zum Multitasking gezwungen war. Oder gezwungen werden sollte. Die blutflüssige Frau war nämlich nur der eine Fall – und zwar einer, der sich ziemlich massiv, eigentlich unglaublich dreist aufdrängte. Der andere Fall war die Bitte des verzweifelten Jairus um die Heilung seiner todkranken Tochter. Ist „Jairus Töchterlein" etwa gestorben, weil sich die Frau mit ihrer Geschichte vordrängte und Jesus in dem ganzen Stress und Gedränge die falschen Prioritäten setzte? Hätte er rufen sollen: „Halt, stopp! Eins nach dem anderen. Erst die junge Patientin, dann die ältere, und Akutfälle immer vor den chronischen Geschichten!" Offensichtlich war Jesus nicht der „Ich-arbeite-mich-von-A-bis-Z-durch"-Typ. Eher jemand, der sich stören ließ und andere störte. „Der Sabbat ist um des Menschen willen gemacht und nicht der Mensch um des Sabbats willen", sagte er bei anderer Gelegenheit. Die Pharisäer werden sich gewunden haben wie die Aale. Aber auch für seine Schüler war es vermutlich selten so richtig gemütlich in seiner Nähe.

Ich kehre mit meinen Gedanken zur Geschichte zurück. Also doch kein Fall von Multitasking, eher eine gelassene Art des Umgangs mit Störungen.

Jetzt stört mich, dass der Pfarrer schon wieder redet. Fünf Minuten sind so kurz!

TAG 16

Im Off

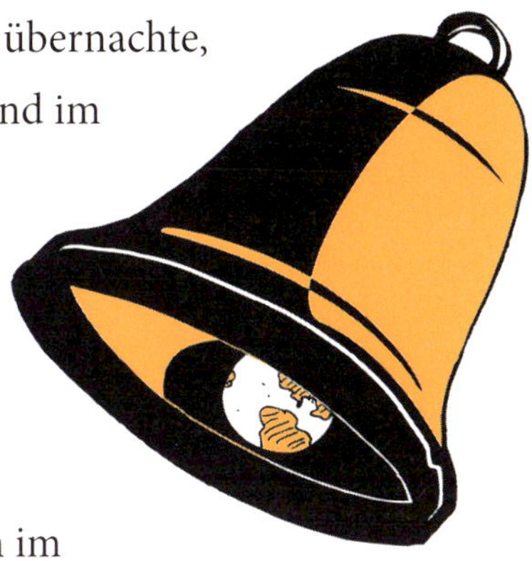

Die Freundin, bei der ich in Berlin übernachte, wird überraschend schwer krank und im Krankenhaus sofort stationär aufgenommen. Ich besuche sie am Montagmorgen, bevor ich den Zug zurück in den Westen nehme. Da liegt die multikompetente und multibeanspruchte Frau bleich im weißen T-Shirt an das große weiße Kopfkissen gelehnt. Aus zwei weißen Flaschen tropft in ihre Armbeuge, was sie wieder in ihr buntes, überreiches Leben zurückbringen soll.

Von einem Tag auf den anderen ist sie aus allem, was sie gerade tat und vorhatte, herauskatapultiert worden. Ich stehe an ihrem Bett, und wir sagen erst einmal nicht viel. Auch das ist Monotasking, kommt mir plötzlich in den Sinn. Daliegen, warten, dass die langsam tropfende Flüssigkeit Wirkung zeigt, die Augen schließen. Nach einer Weile rafft meine Freundin alle Energie zusammen, um mir To-dos aufzugeben: Es sind noch Termine abzusagen, die ihr gestern nicht gleich eingefallen sind. Keine Abwägung der Prioritäten mehr, keine gewundenen Sätze zur Entschuldigung, keine Vorschläge, wer vielleicht welche Aufgabe ersatzweise übernehmen könnte. Alles nicht nötig. Auch nicht mehr möglich. Welt, dreh dich mal einige Wochen ohne mich weiter …

Wir können immerhin beide lächeln, als wir uns klarmachen, wie wichtig und de-fi-ni-tiv un-ab-sag-bar diese Termine gestern noch waren. Jetzt genügt eine SMS, und weg sind sie. Vor Weihnachten wird sich hier kein To-do mehr wichtigmachen!

TAG 17

Im Sturm

Ich höre beunruhigende Nachrichten von der amerikanischen Ostküste und erkundige mich per Skype, wie es meiner Tochter in Washington geht. Hurrikan Sandy hat sie zum Monotasking verdonnert, stelle ich fest – und sie findet das schon nach zwölf Stunden nicht mehr lustig. Gestern haben die Händler auf dem Markt in ihrem Stadtteil einen „Hurricane sale“ veranstaltet. Meine Tochter hat die Gunst der Stunde genutzt und sich zu stark reduzierten Preisen einen beeindruckenden Käsevorrat zugelegt. Der wird hoffentlich auch ohne Kühlschrank nicht so schnell schimmelig. Die Stimmung auf dem Markt war eher ausgelassen, erzählt sie, jedenfalls auf Seiten der Käufer. Aber jetzt hat ganz Washington praktisch Hausarrest. Statt in der Bibliothek sitzen die Studierenden in ihren kleinen, überteuerten Zimmerchen, jeder allein mit seinem Laptop. Immerhin gibt es noch Strom, und die Facebookeinträge und Twittermeldungen gehen hin und her: „In der Soundso-Street ist noch ein Café geöffnet. Traut sich jemand, da hinzugehen?“ – „Nicht, wenn

es mehr als dreihundert Meter entfernt ist und rechts und links der Straße Bäume stehen."

Per Skype melden sich die Mamas aus aller Welt: Chinesische, norwegische, indische, argentinische und südafrikanische Mütter fragen nach, ob ihre Söhne und Töchter im Trockenen sitzen, ob die Fenster dicht sind, ob die Wasserleitung noch funktioniert, ob die schusseligen WG-Mitbewohner auch genug Wasserflaschen und Klopapierrollen gebunkert haben. Dass der Strom noch fließt, merken sie ja, solange das Skype-Lämpchen leuchtet.

„Ich hab eigentlich soo viel zu tun – aber es ist trotzdem nervig, hier festzusitzen", klagt meine Tochter. Sie kann jetzt nur an einer Hausarbeit weiterschreiben, dabei Musik hören und gucken, was sich auf Facebook und Twitter tut. Tri- bis Quatrotasking sozusagen. Sie kann nicht neben Studienkollegen sitzen, immer mal wieder Augenkontakt suchen, sich zum Kaffee im Park verabreden, in der Bibliothek durch die Regale streifen, sich aufs Fahrrad schwingen, um am Nachmittag an einem anderen Ort weiterzuschreiben, einen kleinen Small Talk mit dem Pförtner halten … Es ist das schiere Eremitenleben! Nur, dass sie von Käse lebt statt von Heuschrecken und Honig.

Ich kann nicht mehr tun, als ihr alles Gute zu wünschen und sie ihrer unfreiwilligen Selbsterfahrungsübung zu überlassen. Ich muss nämlich zu einer Druckfreigabe in einen

Verlag fahren. Die jungen Grafiker, bei denen ich mir einen Tisch und einen Stuhl leihe, sitzen zu viert in einem Büro, die Tür zum nächsten Raum ist offen, dort ist ein Kommen und Gehen. Alle sitzen vor ihren Rechnern, ziehen, um mich zu begrüßen, für drei Sekunden die Stöpsel aus den Ohren und versenken sich dann wieder in Musik und Arbeit. Das Fenster ist gekippt, von draußen dringt der Lärm einer lastwagenlastigen Bundesstraße ans Ohr. Nein, nur an meine Ohren. Selber schuld, wenn ich hier keine Musik höre. Ich will aber auch nicht mit Trucker-Sound im Kopf die Korrekturen überprüfen und schließe das Fenster. Jetzt merkt man erst, welches penetrante Summen allein die vielen Rechner in den zwei Räumen verursachen. Außerdem verbreitet sich sofort diese spezielle Computerwärme und -luft. Also wieder Fenster auf.

Bin ich froh, als ich am Abend wieder zu Hause bin und meine Siebensachen fürs Kloster zusammenpacke! Ich führe ein leicht prekäres, aber auch wahnsinnig privilegiertes Leben, ich weiß.

TAG 18

Klosterstress

Es gibt gestresste Mönche. Tut mir leid, aber das ist meine erste Feststellung, als ich ins Kloster komme. Auch wenn man es nicht meinen sollte, der Verdacht drängt sich auf. Vermutlich sind ja auch nicht alle gestresst – hoffentlich nur die wenigsten –, aber einige flitzen hier rum und bräuchten drei Hände und vier Ohren, um alles zu regeln, worum man sie bittet.

„Bitte verzichten Sie in diesem Haus auf den Gebrauch von Handys" steht gleich neben dem Eingang zum Gästehaus. Ich schätze mal, für den Rest des Klosters gilt das erst recht. Welch schöner Wunsch, aber wir können ihm leider nicht nachkommen. Erst fehlt eine Teilnehmerin, die wir via Handy orten müssen, dann verletzt sich eine andere, und wir müssen per Handy Hilfe herbeirufen. Zwischendurch verlieren wir einander im weitläufigen Gelände und finden uns – natürlich nur dank der Handys, die gegen die Regeln doch angeschaltet geblieben sind – wieder.

Ich ernte ein- oder zweimal einen Blick aus Mönchsaugen, den ich als Rüge interpretieren könnte. Oder ist er einfach nur traurig-resigniert? „Ach, ach, wenn ich als Novize geahnt hätte, in was für einen Bienenstock sich dieser Ort verwandeln würde … Bin ich etwa Mönch geworden, um zwischen telefonierenden Frauen zu hocken, die beim Reden auch noch wild um mich herumwuseln?“, lese ich in ihm.

„Tut mir leid, aber ich bin hier die Leiterin des Seminars und muss meine Schäfchen zusammenhalten. – Und Sie leben doch von uns Gästen, mal ganz ehrlich …“ Ja, das denke ich, als ich für einen Moment selbst gestresst bin, aber ich sage es natürlich nicht.

Im Kloster leben und einen florierenden Gästebetrieb managen, dazu eine Buch- und Kunsthandlung, eine Druckerei, einen Verlag, einen Bauernhof, eine Metzgerei und was weiß ich noch alles – wenn das nicht von jedem

einzelnen Ordensbruder Multitasking erfordert, dann weiß ich auch nicht. Schließlich leben hier nicht mehr 500 Mönche wie vor hundert Jahren, sondern kaum noch hundert. Und die halten nicht nur einen großen Betrieb in Schwung – sie sollen auch noch vorbildliche Pater und Frater sein, schließlich schauen ihnen völlig fremde Menschen einen guten Teil des Tages beim Mönchsein zu. Wir tun das ja auch. Und tatsächlich: In einer Kirche am Mittagsgebet teilzunehmen, in der die Mönche im Chorgestühl ihre klangvollen Männerstimmen erschallen lassen, ist etwas völlig anderes, als wenn der Leiter eines christlichen Freizeitheims vor dem Essen das Tischgebet spricht.

Ich nutze eine kurze Mittagspause und schaue mich in der Klosterbuchhandlung um.

Eine gut bestückte Abteilung bedient die Sehnsucht nach dem, was hier alle suchen: „Die Weisheit der Mönche", „Die Spiritualität der Mönche", „Das Geheimnis der Mönche" und natürlich auch „Die Küche der Mönche". Als ich „Entdecke den Mönch in dir" in der Hand halte, muss ich allerdings an mich halten, um nicht laut zu lachen. („Entdecke die Nonne in dir" fehlt.) Nein, da kann ich lange suchen. Ich werde niemanden in mir entdecken, den es nach Armut, Keuschheit und Gehorsam verlangt. Das Leben zwingt mich immer mal wieder, eines dieser Versprechen, die ich gar nicht gegeben habe, zu halten – aber alle drei auf einmal und das lebenslang?! Bitte nicht.

Ich kann mir natürlich denken, dass das Buch sich nicht nur an die Asketen unter den Kunden wendet; an diese kleine Gruppe hätte man den Text vermutlich gleich als Mailanhang verschicken können. Der Titel zielt wohl eher auf die vielen, die sich danach sehnen, ihr Leben möge, bitte, nur noch ein Ziel, eine Ausrichtung, eine klare Priorität haben. Der Mönch ist eine Chiffre dafür, ein Idealbild – ich vergesse also lieber schnell den armen, gestressten Bruder an der Rezeption. Es zielt auf Menschen wie mich. Wenn ich diesen Wunsch nicht kennen würde, könnte ich mir doch auch diesen ganzen Monotasking-Selbstversuch sparen. Nicht nur: Ein Tag – eine Aufgabe, sondern gleich: Ein Leben – eine Aufgabe!

Wenn ich so an meine verschiedenen Lebensphasen denke, an alle Aufgaben und die vielen Rollen, die ich schon ausgefüllt habe … Ich ziehe weiter zu Kerzen, Kreuzen und Musik.

TAG 19 & 20

Stellvertretung

Alle Teilnehmerinnen des Seminars können sich darauf einlassen, vier Tage in klösterlicher Atmosphäre zu verbringen, obwohl sie die Angebote geistlichen Lebens nicht in dem Maße wahrnehmen, wie ich es gedacht hatte: In der Kirche ist es noch weit kälter als draußen, eine Frau empfindet die benediktinischen Gesänge als trist und den Einzug der Mönche als steife Parade. Dennoch übt das Leben der Mönche auf alle eine gewisse Faszination aus, nötigt uns zumindest staunende Bewunderung ab. Um vier Uhr aufstehen und zwischen acht und neun Uhr ins Bett gehen? Davon berichtet ein Mönch, der uns durch die Kirche und über das Gelände führt. Das Herzstück des Klosters, die Klausur, ist für Gäste nicht zugänglich. Ich gönne es den Mönchen von Herzen. Ein einziger privater Raum, der auch noch „Zelle" heißt und in dem ein Computer nichts zu suchen hat?

Am Abend in der Kneipe, die dem Kloster direkt gegenüberliegt und den Namen „Benediktiner" führt, von diesen aber nicht aufgesucht werden darf, diskutieren wir bei Bier und Wein – auch das eher seltene Genüsse für unsere

Gastgeber – den Gedanken der Stellvertretung: Die Mönche beten (für uns), während wir noch schlafen. Die ultrabeschleunigte Welt nimmt am Morgen Fahrt auf, während die Brüder Psalmen beten, die so alt sind, dass sogar ihre lateinische Fassung vergleichsweise modern ist. Ist das verrückt oder wunderbar? Kann mich das entlasten?

Ich erinnere mich an eine Zeit, in der ich zwei kleine Kinder hatte, einen schwer kranken Mann und eine volle Stelle in einem Verlag. Mit einer älteren Dame aus meiner Kirchengemeinde kam ich damals ins Gespräch über das Thema Beten. „Ich bete nicht", gestand ich ihr, so freimütig wie resigniert. „Die Zeit zwischen sechs und acht am Morgen ist auf die Minute getaktet, den ganzen Tag über funktioniere ich wie ein Uhrwerk, und am Abend falle ich todmüde ins Bett." – „Aber Frau Schott!", rief die Dame aus. „Sie brauchen ja auch gar nicht zu beten. Wir beten doch für Sie!"

Ich erinnere mich noch genau an das Gefühl, das dieser Ausruf damals in mir auslöste: als hätte mir jemand einen Rucksack von den Schultern genommen.

Ich bin protestantisch erzogen worden, und das hieß: Jeder ist für seinen eigenen Glauben verantwortlich, muss ihn artikulieren und verteidigen können, hat dafür zu sorgen, dass das Beten und Bibellesen möglichst regelmäßig geschieht, geht im Idealfall auch noch allsonntäglich zur Kirche – während sich die Katholiken einfach vertreten lassen! In den Klöstern leben Nonnen und Mönche, die für die Millionen Ungläubiger und/oder allzu Beschäftigter mitglauben und mitbeten – ob die das wollen, wissen oder vielleicht sogar für Unsinn halten, ist ihnen egal. Bis zu dem Satz besagter Dame hatte ich das katholische Verfahren für irgendwie nicht ganz korrekt gehalten. Und auch jetzt, in dieser Kneipe, schaue ich in einige skeptische protestantische Mienen, die meiner von damals wahrscheinlich sehr ähnlich sind. Darf es Arbeitsteilung geben, wenn es um den Glauben geht? Die einen glauben und beten und leben nach den „Evangelischen Räten", die anderen schaffen das Geld ran, bekommen und erziehen die Kinder und leben, soweit sie's eben hinkriegen, anständig?

Wir werden das Problem nicht lösen. Es haben sicher schon Klügere länger darüber nachgedacht, und außerdem, es ist spät geworden. Aber wir stoßen zum Abschluss des Abends doch noch auf die Gesundheit der gestressten Mönche an.

TAG 21

In Haft

Das Schreiben macht den Teilnehmerinnen zunehmend Spaß. Eine gesteht mir, am ersten Abend noch ihrem Mann gesimst zu haben: „Ich glaube, ich bin hier falsch." Jetzt findet sie, genau wie die anderen, dass wir die Pausen kürzer machen und die Schreibphasen verlängern sollen. Was hat sie so gepackt?

In ihrem Beruf hat die nicht mehr ganz junge Frau hauptsächlich mit Sterbenden und Trauernden zu tun. Als Ziel ihrer Schreibübungen erklärt sie: „Ich würde so gern witzig schreiben können. Leicht, vielleicht etwas ironisch … überraschend."

Und sie hat ein Talent dafür. Ein paar Mal lachen wir Tränen, während sie einen ihrer kurzen Texte vorliest. In ihrem Beruf trägt sie eine riesige Verantwortung und die Last vieler Schicksale, an denen sie Anteil nimmt. Hier gelingt es ihr, alles von sich abfallen zu lassen. Sie tippt unermüdlich in ihr Notebook und schmunzelt vor sich hin. Ihr Handy ist abgeschaltet, niemand will etwas von ihr – von uns einmal abgesehen, die wir immer mal zu ihr rüberschauen und uns schon auf ihren nächsten Text freuen.

Am Abend möchte sie ihrem Mann mailen – „Ich habe jetzt doch Blut geleckt!“ – und bittet den Mönch, der im Speisesaal Dienst tut, um den WLAN-Code, mit dem sie sich im Gästehaus einloggen kann. Der Mönch schaut sie nachdenklich und mit schräg gehaltenem Kopf an. „Sind Sie denn dem Netz so verhaftet?“, fragt er mit betrübtem Blick. Aber dann rückt er den Code doch raus.

Wir anderen am Tisch, ebenfalls ausnahmslos Verhaftete, müssen lachen. Verhaftet! Aber irgendwie hat er ja recht: Wir kleben am Netz, da haftet was an uns, und wir sind vielleicht weniger frei, als wir glauben.

Zum Glück gehört zu unserem Programm, jeder Haft zu entkommen – der Arbeit, auch dem Kloster, dem Internet, selbst dem Schreiben, für das wir hergekommen sind – und durch die Weinberge zu wandern. Unsere Wanderleiterin hat das Motto der „Ausbrüche“ sogar zu ihrem Autokennzeichen erkoren: FR – EE!

TAG 22

Morgen!

Das Schreibseminar endet mit dem Mittagessen, und ich wende mich wieder der Welt zu. In der Sonntagszeitung lese ich online einen Artikel über die Infantilisierung unserer Gesellschaft. Stimmt, denke ich. Oft fühlt man sich auch in einer Gruppe Erwachsener wie im Kindergarten. Jeder drängelt, schubst und muss sofort drankommen, sonst wird er unleidlich. Außerdem hat mir die Geschäftsführerin eines Spielwarenladens neulich erzählt, dass Plüschtiere für Erwachsene der Renner sind. Skurrile Wesen mit nur einem Auge, langbeinige Monster, „aber irgendwie drollig" – die wünschen sich nicht Dreijährige, sondern Dreißigjährige. „Das ideale Geschenk für den, der schon alles hat – und vielleicht ein bisschen einsam ist", hat sie mir erklärt.

In dem Zeitungsartikel lese ich, dass auch der Wunsch, alles gleichzeitig zu machen, zur Infantilisierung unserer Gesellschaft gehört. Ich muss auf nichts warten, keine Wünsche aufschieben. Alles, was ich will, mache ich gleich – und am liebsten auch gleichzeitig.

„Das hat doch Zeit“, „Morgen ist auch noch ein Tag“ … Solche Sätze sind jetzt echte Oma-Sprüche.

Ich sollte mich also im Verschieben üben, um als Erwachsene zu wachsen.

Was könnte ich heute verschieben? Alles, was meiner Regeneration im Wege steht, schließlich ist Sonntag, und ich sollte mich ohnehin schleunigst der „seelischen Erhebung“ widmen – so wollen es nämlich nicht nur die Zehn Gebote, so will es auch unser Grundgesetz. „Der Sonntag und die staatlich anerkannten Feiertage bleiben als Tage der Arbeitsruhe und der seelischen Erhebung gesetzlich geschützt.“ Das übernahm man nach dem Krieg aus der Weimarer Verfassung. Und allein wegen dieser schönen Formulierung von 1919 ist Artikel 140 der einzige, den ich auswendig kann.

Konkret ergibt sich das Verschieben dann ganz von selbst: Nach stundenlanger Fahrt durch den Stau ist der Tag so gut wie vorbei, als ich zu Hause ankomme. Der Post, den Mails, allem Liegengebliebenen, das mich von Aufgabenzetteln und Post-its grüßt, rufe ich freundlich, aber entschieden zu: Morgen ist auch noch ein Tag!

TAG 23

Stille-Übung

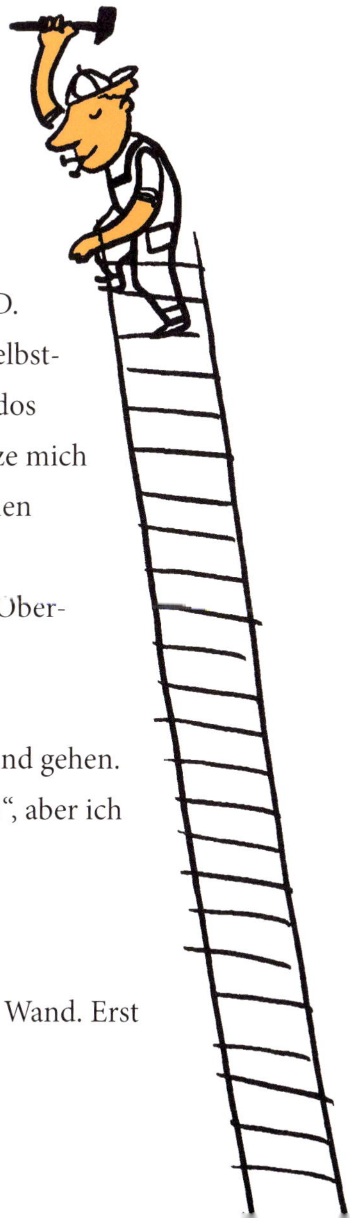

Ein Psychologie-Verlag hat mir mit der Bitte um Rezension eines der diversen Achtsamkeitsbücher geschickt, die sich gerade so gut verkaufen. Mit Übungs-CD. Das passt ja ausgezeichnet zu meinem Selbstversuch. Am Abend, als die meisten To-dos Ruhe geben, lege ich die CD ein und setze mich ganz aufrecht und ganz achtsam in meinen Ohrensessel.

Ich lege die Hände entspannt auf die Oberschenkel.

Ich lasse den Atem fließen.

Ich lasse meine Gedanken kommen und gehen.

Ich nehme sie wahr, sage kurz „Hallo!“, aber ich bewerte sie nicht.

Es klopft.

Warum klopft es?

Ach, nicht an der Tür, sondern an der Wand. Erst leiser, dann mit kräftigen Schlägen.

Ich lasse meinen Atem weiterfließen.

Jetzt beginnt mein Nachbar also doch, seinen Teil des Dachbodens auszubauen. Natürlich spät, nach Feierabend.

Ich bewerte nicht den Gedanken und nicht den Nachbarn, sondern atme und spüre meinem Atem nach.

Dem Hammer folgt der Bohrer.

Die ruhige, freundliche Stimme der CD-Frau ist nur noch schwach zu hören. Wenn ich aufstehe und den Lautstärkeregler hochdrehe, ist es um meine Achtsamkeit wahrscheinlich geschehen. Also lieber ganz aufmerksam lauschen, ob ich die Stimme noch vernehme.

„Spüren Sie, wie Ihre Füße …"

Wie, meine Füße, was?

Ein lautes Poltern. Irgendetwas muss umgestürzt sein.

„Folgen Sie Ihrem eigenen Atemrhythmus."

Plötzlich Stille.

„Nehmen Sie wahr, wie sich Ihr Körper anfühlt."

Eigentlich ganz gut, aber ich mache mir Sorgen um den Körper meines Nachbarn. Ob ich mal rübergehe und bei ihm klopfe?

„Öffnen Sie Ihre Augen."

Von drüben kommt jetzt Musik. Er hat also überlebt.

TAG 24

Weltgeschichte

Meine politische Bildung beginnt unter meinem Monotasking zu leiden. Früher – ich sage schon „früher“! – habe ich beim Duschen Radio gehört, beim Kochen, beim Aufräumen, beim Autofahren sowieso … Jetzt stelle ich das Radio immer häufiger ab – und verpasse dies und das. Das wievielte Rettungspaket ist das jetzt noch mal? Wer wurde entführt? Und die Kastelruther Spatzen lassen ihre CDs echt von Profis einspielen? Na, gut, so wichtig ist das nun auch nicht. Aber manchmal wurmt es mich doch, wenn ich merke, dass irgendwas an mir vorbeigegangen ist. Ich war immer so top informiert.

Das Abo der Tageszeitung habe ich schon zu Beginn des Sommers umgestellt: Nur noch am Mittwoch und Samstag liegt die Zeitung im Briefkasten, mittwochs wegen des Wissenschaftsteils, den ich dienstlich ausschlachte, samstags wegen des Samstagsgefühls, das sie auf dem Frühstückstisch verbreitet, wenn sie da so breit und bräsig liegt.

Heute wird in den USA gewählt, das habe ich immerhin mitbekommen. Seit ich Obama zu seinem 50. Geburtstag

eine Mail geschickt habe – eine Schnapsidee –, bin ich im Verteiler seiner Unterstützer. In den letzten Tagen bescherte mir das mindestens drei Mails pro Tag. Allein deshalb bin ich froh, wenn diese Wahl vorbei ist. Ja, ich weiß, man kann Newsletter und Ähnliches abbestellen, und das mache ich auch immer häufiger. Aber zu sehen, wie dieser Mann bzw. sein Team mit den Wählern kommuniziert, war doch zu spannend, um ganz darauf zu verzichten. Als ich kurz vor Mitternacht zu Bett gehe, gibt es noch keine Ergebnisse, auch wenn das Fernsehen schon pausenlos davon berichtet, dass es sie noch nicht gibt. Zwei Stunden später wache ich auf und klappe mal ganz kurz den Laptop auf: Romney hat bereits soundsoviele Staaten gewonnen. Ich schlafe unruhig. Um halb sieben wache ich auf: Four more years! Obama hat doch gewonnen.

Wofür bloß habe ich mir einen Teil der Nacht stehlen lassen?

Ich gestehe mir in dieser historischen Stunde großzügig Bitasking zu und frühstücke ausnahmsweise vor dem Fernseher. Mit dem Kaffeebecher proste ich dem wiedergewählten Präsidenten zu, der mit seiner Familie gute Laune darstellt, aber auch schrecklich müde aussieht.

Bevor ich mit der Arbeit beginne, lese ich eine Mail aus Washington: Meine Tochter feiert vor dem Weißen Haus. Familie Obama ist zwar gar nicht dort, sondern in Chicago, aber vor dem Weißen Haus Party zu machen, lässt man sich nicht nehmen. Twittern, singen, mailen, fotografieren, Filmchen auf YouTube posten, allen mitteilen, wo man gerade ist – ich bekomme nur einen Bruchteil davon mit und spüre in meinem Dachstübchen am Wald doch etwas von der Freude, Aufregung und Überdrehtheit, die wie eine elektrische Spannung den Atlantik überwindet. Alle sind wach, die Menschen dort noch und wir hier schon.

„The best is yet to come. – Das Beste kommt noch." Früher meinte man damit das ewige Leben, heute die zweite Amtszeit von Obama. Ach, warum soll man es nicht einfach mal einen Tag lang glauben …?

TAG 25

Legendäre Familienoberhäupter

Ich lese von zwei großen Multitaskern der deutschen Geschichte: Martin Luther und Johann Sebastian Bach. Luther hatte 6 eigene Kinder, 11 Pflegekinder, 10 Hausangestellte, nicht einzeln gezählte Studenten, die zur Untermiete wohnten, so gut wie immer Gäste – macht zwischen 40 und 50 Personen, die sich ständig in seinem Haus aufhielten. Bei Familie Bach sollen im Schnitt 20 Personen am Tisch gesessen haben. Wie viele von ihnen eigene Kinder waren, ist schwer zu sagen. Sieben Kinder wurden in der ersten Ehe geboren, fünf in der zweiten, aber da einige früh starben und andere schon aus dem Haus waren, als die jüngsten geboren wurden, änderte sich die Zusammensetzung jedes Jahr. Da die Bachs in Leipzig mit den Thomaner Chorknaben unter einem Dach wohnten, mischten sich außerdem fremde und eigene Kinder.

Muss man sich nun Luther und Bach nicht nur als Energiebündel, die sie sicherlich waren, sondern auch als Männer vorstellen, die über eine unbegrenzte Aufmerksamkeit verfügten? Von Bach weiß man, dass es ihn nicht gestört haben soll, wenn eine halbes Dutzend Kinder um die Orgel herum spielte und krakelte, während er komponierte. Aber man kann sich doch schlecht vorstellen, dass er der Jüngsten das Lätzchen umband, dafür sorgte, dass auf dem Tisch nichts fehlte, seinen hyperaktiven Sohn ermahnte, den Bruder unter dem Tisch nicht zu treten, und gleichzeitig einem Schüler die Vor- und Nachteile der wohltemperierten Stimmung des Klavichords erläuterte.

Vielleicht waren ja in Wirklichkeit ihre Frauen die wahren Multitasking-Genies? Oder ihre Haushälterinnen, die Zofen, Knechte oder was weiß ich, wen sie noch alles im Hause hatten?

Ich versetze mich in meiner Fantasie an den Frühstückstisch der Luthers und ahne schon bald, warum das funktionierte: Niemand quälte sich mit Multitasking. Es gab klar verteilte Rollen: Der eine betet, der andere schneidet das Brot, ältere Geschwister sind für jüngere zuständig, Knechte und Mägde essen erst, nachdem die Herrschaften fertig sind, wenn es an der Tür läutet, springen nicht fünf auf, sondern der, dessen Aufgabe es ist, die Tür zu öffnen. Falls sich das zu ideal oder gar romantisch anhören sollte: Das Ganze funktioniert nur, weil ein autoritäres System dahintersteht. Es gibt Befehle und Gehorsam. Ein strenger Blick genügt, und das Kind zieht den Kopf ein. Jeder hat eine Rolle, über die nicht diskutiert wird. Wem das System nicht behagt, der geht am besten ganz. Von dreißigjährigen Nesthockern ist aus dieser Zeit nichts bekannt.

Aber: Jeder wusste, woran er war. Und es war ganz sicher nicht jeder immer und mit allem „eigentlich auch dran“.

„Eigentlich teilen wir uns alle Aufgaben“, erzählt mir dagegen eine Freundin, die sowohl Mutter eines Teenies als auch Kleinkindmama ist, dazu Wochenend-Stiefmutter und ausgelastete Freiberuflerin in der Kreativbranche. „Seit wir geheiratet und diese große Wohnung als Basis unserer Patchworkfamilie gewählt haben, macht jeder seinen Teil von allem, was so anfällt: kochen, putzen, einkaufen, die Kleine in den Kindergarten bringen, Geburtstags- und Weihnachtsgeschenke besorgen, sich ums Auto kümmern, all den Papierkram erledigen, die Wäsche … Manchmal denke ich, es wäre einfacher, wenn jeder seinen Bereich hätte. Und wenn er darin schalten und walten könnte, wie er es eben für richtig hält – statt fast immer unter den Augen des anderen zu arbeiten. Wenn mein Mann abends nach Hause käme, die Wohnung wäre geputzt und aufgeräumt, das Kind läge im Bett, ohne dass er wüsste, wie und wann ich das alles gemacht habe – das wäre irgendwie auch mal schön und würde uns bestimmt einige Diskussionen ersparen. Aber ich käme mir natürlich vor wie meine eigene Mutter … So will man ja nicht mehr leben.“

Multitasking und Rollenverteilung, da liegt vermutlich ein Knackpunkt. Wäre alles leichter, wenn ich eine Sekretärin hätte, die meine Reisen plante und sich den weniger wichtigen Mails widmete? Tatsächlich habe ich eine Assistentin. Sie sitzt in einem Büro in einer anderen Stadt und ist mir hauptsächlich virtuell verbunden. Ich übertrage ihr einzelne Aufgaben, aber ich habe Hemmungen, jemanden für mich Dinge tun zu lassen, die ich selbst lieber nicht tun will. Mir ist es ja schon peinlich, wenn ich durchs Treppenhaus gehe, während unsere Hausmeisterin putzt – für mich putzt, die ich am Schreibtisch sitze und mir nur selten die Hände schmutzig mache. Dabei weiß ich gar nicht, ob sie nicht vielleicht lieber putzt, als ich zum Beispiel mit schwierigen Leuten telefoniere. Es ist nur so ein Gefühl: Du darfst dich nicht bedienen lassen. Sei kein Snob, nimm den Schrubber selbst in die Hand.

Bald ist wieder Weihnachten, dann kann ich mein schlechtes Gewissen in ein Geschenk verwandeln.

TAG 26

In der Rappelkiste

Ich lese vor zwei Schulklassen in einer Stadtbibliothek am Niederrhein. Die Viertklässler, mein Publikum der ersten Lesung, sind aufmerksam, neugierig und für ihr Alter erstaunlich ruhig. Die Drittklässler, die eine Stunde später dran sind, rutschen auf den Bänken und Stühlen herum, einige legen sich auf den Teppichboden, dann fragt jemand, ob er seine Schuhe ausziehen darf, woraufhin alle anfangen, an ihren Schuhbändeln zu ziehen. Mir ist es eigentlich egal, ob Socken oder Schuhe nervös über den Boden scharren, aber die Lehrerin möchte nicht, dass ein Schuhsalat entwirrt werden muss, bevor der Bus kommt, der die Klasse wieder zur Schule bringt. Einige Kinder hampeln herum, reden mit dem Nachbarn,

kaspern, rufen, was ihnen gerade einfällt, rupfen an ihrer Kleidung, winden sich auf ihrem Stuhl. Aber wenn ich Fragen stelle, wissen sie genau, worum es geht. Man sollte es nicht glauben, aber sie haben zugehört. Die Geschichte von einem afrikanischen Straßenjungen, der so alt ist wie sie und sich allein durchschlägt, packt sie.

Nach der Lesung treffe ich mich mit der jungen Klassenlehrerin zum Pizzaessen. Wir sprechen über die Kinder, die mir besonders aufgefallen sind. „Die Eltern von der Süßen mit dem rosa Glitzer-T-Shirt sind beide heroinabhängig", klärt sie mich auf. – „Der Junge ganz vorne, der mit der käsigen Gesichtsfarbe, ist der Älteste von acht Kindern – als Drittklässler! Der Vater spielt am Wochenende mit den Älteren, aber nie etwas anderes als Computerspiele." – „Die Große, die sich so eifrig beteiligt hat, kommt aus Polen. Ihre Eltern erscheinen oft in der Schule; sie haben ehrgeizige Pläne für ihre Tochter."

Ich erfahre keine Namen, und auch die Gesichter werden spätestens nach einer Woche in meinem Gedächtnis von neuen Schülergesichtern verdrängt sein.

„Mindestens zwei Drittel dieser Kinder sind unfähig, zehn Minuten still zu sitzen und sich auf eine Sache zu konzentrieren. Und ob sie das bis zum Ende ihrer Schulzeit noch lernen werden, ist mehr als fraglich", sagt die Lehrerin, bevor wir uns verabschieden. „Aber sie kriegen alles Mögliche mit, auch wenn man's nicht meinen sollte. Sie haben Ihnen zugehört – neben all dem anderen, was sie in dieser Stunde sonst noch so getan haben. Und die Geschichte hat sie berührt. Ich bin Ihnen sehr dankbar.“

Nachdenklich fahre ich nach Hause. Ich habe einen Vormittag mit diesen Kindern verbracht. Die Lehrerin verbringt 26 Stunden in der Woche mit ihnen. Soll ich sie bedauern? Nein. Sie machte auf mich einen geradezu glücklichen Eindruck. Sie hat ihre Aufgabe gefunden, eine, die sie fordert und die ihr volles Engagement verlangt. Hoffentlich reicht ihr Elan noch viele, viele Jahre …

TAG 27

Fröhlich-mühselig

Eine Reihe von Auswärtsterminen am Wochenende hat verhindert, dass ich an den Proben „meiner" Kantorei teilnehme. Die finden nämlich immer freitags statt. Endlich stehe ich wieder im großen Pulk, strecke mich, atme tief ein, mache Zzzzzzzzzzz…t! und Ffffffffff…sch! Und dann geht es an Motetten, die zum Ewigkeitssonntag passen. „Warum ist das Licht gegeben dem Mühseligen und das Leben den betrübten Herzen? … Die sich fast freuen und fröhlich sind, dass sie das Grab bekommen …" Brahms Faible für Seufzer, Grab und Tod war schon zu seinen Lebzeiten legendär. Aber auch ohne Brahms gehört es ja mehrfach im Kirchenjahr zu den erstaunlichen Phänomenen des Chorgesangs: Eine gesunde und gut gelaunte Menge von Menschen singt „Mit Fried und Freud fahr ich dahin", als ginge es um einen Ausflug und nicht um die „Fahrt" ins Grab. Auch wenn wir den Text angemessen interpretieren und (zumindest bei der Aufführung) ernst aus der Wäsche schauen – die Stimmung im Chor ist einfach gut. Nach der Probe hält man noch ein Schwätzchen oder trinkt etwas, und wenn man mal ein paar Wochen nicht in der Herde gesungen hat, merkt man, dass man sich leichter erkältet und überhaupt alles zu tragisch nimmt.

Also gern „Getrost ist mir mein Herz und Sinn, sanft und stille“ in schwarzer Kleidung mit einer schwarzen Mappe vor der Brust an einem der ernstesten Feiertage des Jahres – in fröhlicher Runde.

Zu Hause fällt mir auf, dass ich an diesem Abend wirklich nur eins getan habe: gesungen. Ohne Nebentätigkeiten, Nebengedanken und Nebenabsichten.

TAG 28

Perlen

Vier Wochen Selbstversuch sind schon vorbei, und ich habe in diesen Aufzeichnungen noch nie erwähnt, welche Übung für mich die wichtigste und auch schon am längsten praktizierte ist. Vermutlich, weil sie für mich nach Jahren so selbstverständlich geworden ist, dass sie mir gar nicht mehr als etwas Besonderes in den Sinn kommt. Wenn ich eine Pause mache und meine Runde über die Felder drehe, nehme ich ein kleines buntes Band mit, das wie ein Armband aussieht: die sogenannten Perlen des Glaubens. Bei einer Skandinavienreise vor fast zehn Jahren habe ich sie kennengelernt. In Schweden heißt das Band „Erlöserkranz", in Norwegen „Christuskranz". Die deutschen „Perlen des Glaubens" klingen dagegen wie ein Spiel. Und tatsächlich ist diese Methode des Betens durch ein Spiel entstanden. („Methode" hört sich etwas seltsam an, aber es heißt ja eigentlich nur „Weg"; deshalb passt es meiner Meinung nach gut, auch wenn es ums Beten geht.) Als Martin Lönnebo, ein schwedischer Bischof der Lutherischen Kirche, Mitte der Neunzigerjahre den Auftrag erhielt, ein kleines Buch über das Gebet zu schreiben, zog sich der frisch Emeritierte dazu auf eine griechische Insel zurück. Statt der Stille und Einsamkeit schenkte ihm dort eine spielerische Angewohnheit der Fischer die entscheidende Inspiration. Bekanntlich halten viele ältere Männer, die man auf griechischen oder türkischen Plätzen trifft, ein Perlenband in der Hand, mit dem sie ihre Finger beschäftigen, ohne dass sie hinschauen. Dieses Band brachte Lönnebo auf eine Idee, und als er nach Schweden zurückkehrte, stellte er dem Verlag statt eines Manuskripts ein Band mit bunten Perlen vor. Jede Perle steht für einen Gedanken oder einen Impuls, der das eigene Gebet lenken kann, angefangen bei der Gottesperle über die Taufperle, die Perle der Gelassenheit und der Wüste über die kleinen Perlen, die der Betende immer wieder wechselnd mit den Namen von Menschen „belegen“ kann, für die er beten will, bis zur Perle der Auferstehung.

Seit jener Schwedenreise liegen die Perlen des Glaubens neben dem Haustürschlüssel in einem Schälchen am Eingang der Wohnung. Im Winter wandern sie in die Manteltasche, im Sommer in die Hosentasche, ehe ich losmarschiere. Insgesamt achtzehn Perlen hat das Band, aber so gut wie nie bete ich den Kreis „zu Ende“. Manchmal bleibe ich schon bei der Taufperle hängen, überlege, ob ich meinen (ziemlich langen) Taufvers noch auswendig kann, aber spätestens, wenn ich bei den drei kleinen roten Perlen der Liebe angekommen bin, schicke ich meine Gedanken hinaus – und sie begeben sich wie die Bienen auf die Suche nach Nektar. „Von wem habe ich heute Liebe erfahren? – Wem habe ich heute Liebe gegeben?“, lauten die Fragen, aus denen süßer und nahrhafter Honig wird, wenn man sie beantwortet. Nie ist die Suche erfolglos, und mein Schritt wird beschwingter, wenn ich mir klarmache, wie viele Dinge ich der Liebe und Zuwendung anderer Menschen verdanke. Und das an einem Tag, der noch gar nicht vorbei ist!

An schwierigen Tagen verhindert das Band, dass ich mich bei meinen Runden an negativen Gedanken festbeiße, Ärgerliches wiederkäue oder über kleine Racheakte nachsinne. Ja, die Verlagsbranche ist kein Garten Eden. Beziehungsweise doch einer: Es gibt dort auf jeden Fall reichlich Schlangen und herumhängende Äpfel, nach denen man besser nicht greift.

Den schwedischen Namen des Bandes, „Frälsarkransen“, kann man mit „Erlöserkranz“ oder „Heilandskranz“ übersetzen, aber auch mit „Rettungsring“. Wie passend!

TAG 29

Ganz entspannt

Meine Bonner Tochter, deren Leben zurzeit in so ruhigem Fahrwasser verläuft, dass sie in meinen Aufzeichnungen noch gar nicht vorkam, besucht mich zusammen mit ihrem Freund vom Samstag- bis zum Sonntagabend. Die beiden sind gegen jeden Stress immun und (deswegen?) immer gut drauf. Sie kommen am Samstag, damit wir am Sonntagmorgen gemütlich frühstücken können. Wir gehen in den 11-Uhr-Gottesdienst, weil das weniger stressig ist, als um 10 Uhr in der Kirche zu sein. Nach dem Gottesdienst gibt es in der Kirche eine Suppe – „das ist doch entspannt". Also bleiben wir.

„Entspannt" ist überhaupt das Lieblingswort der beiden. „Wie war das Gespräch mit dem Prof?" – „Och, ganz entspannt." Das höchste Lob.

Multitasking ist für die beiden kein Thema. Dabei bekommen sie eine Menge „gebacken": Studium, Job, Examensvorbereitung. Ohne Facebook und mit uralten Handys, eher vegetarisch und bio, mit viel Besuch und wenig Medienkonsum. Die beiden wollen heiraten und haben sich an einem romantischen Ort verlobt. Die Hochzeit soll aber erst stattfinden, wenn sie einen Termin gefunden haben, der niemandem Stress macht. Also wohl nicht so bald.

Wir verbringen tatsächlich einen entspannten Tag, sitzen mit Freunden zusammen und lachen viel. Ich bringe die beiden zum Zug, und sie winken mir fröhlich zu. Ist das jetzt vielleicht schon die Après-„Ich-habe-ein-Ziel-und-muss-da-unbedingt-hin"-Generation?

TAG 30

Hirnforschung

Ich schreibe jetzt endlich mal das Wort „Hirnforschung“ hier hin, denn ohne Bezug auf die aktuelle Hirnforschung darf man sich kaum noch zu einem Thema äußern. Erst recht nicht zu so hirnforschungsaffinen Themen wie Multitasking, Achtsamkeit und Konzentration.

Die Hirnforschung also sagt, dass es gar kein Multitasking gibt. Man kann nicht mehrere Dinge gleichzeitig tun, man kann nur rasend schnell von einer Tätigkeit zur anderen wechseln. Mag sein. Die Hirnforschung sagt ja auch, dass es keinen freien Willen gibt, sondern dass mein Gehirn mir vorgaukelt, das, was ich gerade getan habe, hätte ich kurz vorher tatsächlich gewollt. Die Hirnforschung legt auch gern tibetische Mönche und bayerische Nonnen ins Kernspin, um dann festzustellen, dass sie an den gleichen Stellen im Hirn Zucker verbrauchen. Dabei dachten sie, egal ob buddhistisch oder katholisch, dass sie nicht Zucker verbrauchen, sondern meditieren. Auch die Liebe äußert sich laut Hirnforschung vor allem in der Erwärmung und Verfärbung bestimmter Hirnareale. Ich habe deshalb so meine Vorbehalte, was den praktischen Erkenntniswert der Hirnforschung angeht. Auch wenn ich gern glaube, dass es hirntechnisch betrachtet gar kein Multitasking gibt, gibt es das Phänomen Multitasking im Alltag, und das verändert das Leben vieler Menschen, auch meins, schleichend, aber stetig.

Um doch ein paar Hirnforschungsergebnisse unterzubringen und nicht so vorwissenschaftlich dazustehen: Die Hirnforschung besagt, dass der vielzitierte Unterschied zwischen Männern und Frauen in Sachen Multitasking (da benutzt sie dann doch das Wort für die Sache, die es nicht gibt) nicht nachweisbar sei. Die weibliche Sonderbegabung zum Multitasking sei vielmehr ein Mythos. Wer die Steuererklärung macht und gleichzeitig die Hausaufgaben der Kinder beaufsichtigt, macht beides eben nur mit geteilter Aufmerksamkeit und deshalb nur halb so gut, wie er, genauer sie es sonst täte. Im weiblichen Alltag kommen solche Situationen nur häufiger vor; besser bewältigt werden sie dadurch nicht. Aber Frauen machen ja gern aus der Not eine Tugend, statt die Not abzuschaffen. Als Frau darf ich das schreiben.

An der US-Elite-Universität Stanford ergab ein Test: Im Multitasking Ungeübte schnitten, wenn sie doch mal multitasken sollten, besser ab als Geübte. Sie unterschieden nämlich Wichtiges und Unwichtiges schneller als die Dauermultitasker.

Und eine letzte Erkenntnis: Wer mehr als zwei Stunden am Tag Computerspiele spielt, ist nachweislich besser im Multitasking – und darf in Stanford an den Tests gar nicht mehr teilnehmen.

Wenn manche Leser/-innen dieser Aufzeichnungen Kinder haben, vielleicht sogar einen Jungen, und wenn das hier ein Buch wird, das in Wohnzimmern herumliegt, können sie diese Seite ja herausreißen.

TAG 31

Weiter im Off

Meiner Berliner Freundin, die so plötzlich krank geworden ist, geht es immer noch nicht besser. Nach zehn Tagen wurde sie aus dem Krankenhaus entlassen, aber von „normalem Leben" ist noch keine Spur. Die Symptome sind unverändert, sie schläft viel und findet jeden Besuch schon nach einer halben Stunde anstrengend. Wie mag es sein, so „aus der Zeit zu fallen"? Ich denke oft an sie, wache selbst nachts manchmal auf und frage mich, wie es ihr gerade gehen mag. Meine Anrufe und SMS dosiere ich sparsam und hoffe, die gerade erträgliche, vielleicht sogar die richtige Dosis zu treffen. Was von alledem, was in meinem Leben zurzeit wichtig ist und was mich beschäftigt, nervt eine Kranke vielleicht eher? Was findet sie albern und belanglos? Normalerweise telefonieren wir häufig, oft auch ausführlich. Wenn ich sie jetzt mit meinem „Krempel" nicht mehr belästige: Schließe ich sie dann aus und mache aus ihr erst recht die Kranke, der man nichts mehr zumuten kann – dort im Abseits?

Eins ist auf jeden Fall anders als früher: Nie würde ich es jetzt wagen, nebenbei dies und das zu tun, während ich mit ihr rede! Ich sitze konzentriert auf meinem Sessel, während ich in Gedanken neben ihrem Sofa im Berliner Wohnzimmer sitze. Für zehn Minuten betrachte ich dabei auch meine Welt durch ihre Augen: Was bliebe liegen, wenn ich heute hier herausgerissen würde – und sei es nur auf Zeit? Worum wäre es wirklich schade? Und worum eher weniger?

TAG 32

Papa, das nervt!

Eine Studentin, die täglich mit der Frankfurter U-Bahn fährt, erzählt mir von einer kleinen Szene, die sie auf dem Weg zur Uni beobachtet hat. Ein junges Paar mit zwei kleinen Kindern stieg ein. Das etwa vierjährige Mädchen setzte sich neben die Mutter, die sofort ihr Smartphone hervorholte. Den etwa dreijährigen Jungen nahm der Vater auf den Schoß. Dann holte auch er sein Smartphone aus der Hosentasche und fing an zu tippen. Und was tat der Junge? Er bekam einen Wutanfall. „Das sollst du nicht, Papa!", schrie er. Beinahe hätte er dem Vater das teure Teil aus der Hand geschlagen.

Guter Junge. Mögest du bis ins Erwachsenenalter deinen Instinkt für das behalten, was wichtig ist: der Mensch, der einem gerade gegenübersitzt. Oder sogar auf dem Schoß.

TAG 33

Alles auf dem Schirm?

Die Frau, mit der ich heute Abend telefoniere, lebt in einem scharfen Kontrast zu dem, was ich vorgestern geschildert habe. Noch mehr „mitten im Leben" zu sein, geht wohl gar nicht. Ich kenne sie als Autorin, aber sie ist auch Sozialarbeiterin, Mutter von drei Schulkindern, die sich der Pubertät nähern, Frau eines Mannes, der an zwei verschiedenen Orten arbeitet, Bio-Hausfrau mit Ambitionen im eigenen Garten. Außerdem hat sie gerade ihren Master gemacht – während ihr Mann berufsbegleitend an seiner Doktorarbeit schrieb …

„Wann warst du das letzte Mal allein und hattest Ruhe?", frage ich sie am Ende von einem ihrer langen Tage.

„Heute Morgen. Da habe ich in zehn Minuten alle Betten neu bezogen. Das waren zehn Minuten Ruhe."

„So richtig erholsam ist Bettenbeziehen ja nicht …", werfe ich vorsichtig ein.

„Aber ich mag diese Zeit am Morgen besonders. Zwischen halb acht und acht bin ich oft allein im Haus. Alle sind schon fort, und ich hab noch ein paar Minuten, bevor ich auch gehen muss. Das höchste der Gefühle ist es dann, mit der Zeitung und einem Kaffee ganz allein am Esstisch zu sitzen."

„Kannst du in deinem Büro konzentriert arbeiten?"

„Selten. Ich stelle oft fest, dass ich zerstreut bin, dass ich Sachen vergesse. Beim Telefonieren mit einer Klientin zum Beispiel schreibe ich gleich die nötige Mail an eine Behörde – und kaum habe ich sie abgeschickt, denke ich: Oh Mist, da fehlte noch was Wichtiges! Und irgendeinen Satz der Klientin hab ich natürlich auch verpasst … Früher bekam ich Briefe, die konnte ich irgendwie besser ungeöffnet liegen lassen. Eine Mail nicht zu öffnen fällt mir viel schwerer. Mein Mann kriegt das übrigens besser hin, und wenn er konzentriert arbeiten will, dann schließt er ganz einfach das E-Mail-Programm – wenn's sein muss für volle fünf Stunden! Alles auf dem Schirm zu haben – buchstäblich – ist eigentlich gar nicht mein Ideal. Aber es ergibt sich oft so …"

Und dann sagt sie etwas, das mich beinahe erschreckt: „Übrigens hab ich gestern auf deinen AB gesprochen. Und, ehrlich gesagt: Deine Ansage hört sich an, als ob du nebenbei noch

etwas anderes machen würdest, als nur diesen Text zu sprechen."

Auwei, ich bin mir keiner Schuld bewusst, aber wenn es sich so anhört, muss ich zumindest an etwas anderes gedacht haben. Also AB neu besprechen. Ist notiert.

Wir kommen vom Muttitasking (das sagt sie tatsächlich – ein Versprecher?) zum Multitasking der Kinder.

„Gibt es Situationen, in denen deine Kinder nur eine Sache tun – und dabei die Zeit vergessen?"

„Ja, bei Computerspielen. Und manchmal beim Basteln. Bei so gut wie allem anderen ist besonders der Große immer mehrfach beschäftigt. Hier ein Brocken unnützes Wissen, dort eine News, immer Copy-and-paste, das ist seine Welt, dazu Musik … Da fällt mir gerade ein, dass ich doch manchmal allein bin. Ein, zwei Mal in der Woche gehe ich joggen – ohne Musik. Das ist sehr erholsam."

Wir unterhalten uns noch ein bisschen über die zunehmende Zerschnipselung unseres Alltags, und dann stellen wir fest, dass wir beide einmal eine Woche erlebt haben, die einfach ideal war: Vor zwei Jahren war das Rheinland über Weihnachten komplett eingeschneit. „Wir hatten keine Chance, das Auto aus der Garage zu kriegen." – „Kein Mensch hat es geschafft, noch alle restlichen Weihnachtseinkäufe zu erledigen." – „Wir waren am Heiligen Abend in der kleinen Kirche ganz in der Nähe, nicht in unserer; die konnten wir gar nicht erreichen. Das war auch mal schön."

– „Und es war so unglaublich leise, weil der Schnee jedes Geräusch dämpfte. Autos fuhren ja eh nicht."

Wir schwärmen uns gegenseitig etwas vor. Das würden wir gern noch mal erleben: eingeschneit sein!

„In diesem Sommer waren wir zum Campingurlaub in Norwegen – drei Wochen bei schlechtem Wetter", erzählt sie dann. „Das war auch schon nicht schlecht. So gut wie nirgends gab es WLAN und meistens auch keinen Strom. Auch unsere Kinder haben das nicht nur überlebt, sie haben es, glaube ich, sogar genossen. Obwohl sie zu Hause ja wirklich gern Computerspiele machen. Wir haben Karten gespielt und gelesen, der Rest der Welt war so weit weg, es war still …"

Zum Abschluss unseres Gesprächs stellen wir noch eine Gemeinsamkeit fest: Beide nehmen wir in unseren Kirchengemeinden an Gesprächskreisen teil, in denen geredet, geredet und geredet wird, wo wir also das tun, was wir berufsbedingt ohnehin ständig tun. So nett das ist, es ist nicht das, was uns eigentlich fehlt, müssen wir feststellen.

„Weißt du was?", sagt mein Gegenüber plötzlich. „Wir sollten uns einmal im Monat zum Telefonieren verabreden – und dann eine halbe Stunde lang schweigen. Am besten per Skype, damit wir nicht in die Versuchung kommen, heimlich nebenbei irgendwas anderes zu machen."

TAG 34

NICHTS mehr verpassen!

Facebook hat zwei Neuerungen eingeführt, erzählt mir meine Tochter:

1. Es wird jetzt angezeigt, wann jemand eine Nachricht, ein Foto oder Ähnliches gesehen hat. Kann das wahr sein? Das gab es doch schon mal – in der Urgeschichte der Mail. „Empfang bestätigen?", fragte das Mailprogramm in fast vergessener Vorzeit. Man stelle sich vor, es würde einen heute noch mit dieser Frage belästigen! Und wer braucht das bei Facebook? Für mich riecht das nach Kontrolle und nach einem grässlichen Druck, alles von allen immer sofort wahrnehmen zu sollen. Deaktivieren lässt sich dieser „Service" nicht …

2. Es gibt jetzt einen Newsfeed: Wer von deinen Freunden macht gerade was?

Wie spannend: A. duscht. B. kocht, C. schreibt an einer Hausarbeit. Gut, wenn jeder das jetzt weiß. Dann kann man ja unbesorgt weiterposten: Bin gerade bei FB.

TAG 35

Japanisches

Ich mache einen Reste-Erledigungs-Samstag und widme mich dann endlich mal wieder meinem neuen Kinderbuch. Ein elfjähriges japanisches Mädchen ist die Hauptfigur. Sie ist mit ihrer Familie wegen der Katastrophe von Fukushima nach Deutschland geflohen und saß vor genau einem Jahr in einem deutschen Klassenzimmer, ohne auch nur ein einziges Wort Deutsch zu können (wenn man „Hallo" mal nicht mitzählt). Die Geschichte ist „echt wahr", wie alle Storys meiner Kinderbücher. Das ist meinen jungen Lesern ganz wichtig.

Seit dem Sommer habe ich zu Amika und ihrer Familie Kontakt, und ich steige mit wachsender Freude in die japanische Welt ein, von den geheimnisvollen Schriften (im Plural) bis zu Höflichkeitsformen, von denen manche so seltsam wie faszinierend sind. Zugleich ist es auch mein Einstieg in die

kleine Welt der wenigen japanischen Atomkraftgegner, die sich seit ein paar Monaten in Düsseldorf sammeln. Von den etwa 7.000 Japanern, die hier leben, trifft sich eine Gruppe von maximal zwanzig Leuten, die entschieden gegen Atomkraft sind, um Aktionen zu planen. Dabei geht es ihnen, wie wohl jedem „normalen" Japaner, eher gegen den Strich, die eigene Meinung öffentlich kundzutun. Doch für eine Sache kämpfen und sich gleichzeitig in höflicher Zurückhaltung üben, das passt nun mal nicht zusammen. Und so sind diese Unerschrockenen schon ein paarmal durch die Düsseldorfer Innenstadt gezogen, haben tapfer Flagge gezeigt und Buttons verteilt, auf denen in japanischer Schrift „Atomkraft – tschüs!" steht. Einer dieser Buttons hängt seit drei Monaten über meinem Schreibtisch.

出る杭は打たれる。Deru kui wa utareru: Der vorstehende Nagel wird eingeschlagen, sagt ein japanisches Sprichwort. Diese Leute wagen es hervorzustehen, aber doch immer auf ihre ganz besondere, freundliche Art. Ich bewundere sie und denke dabei an ein zweites japanisches Sprichwort, das ich in diesem Herbst kennengelernt habe: 七転び八起きnanakorobi yaoki: sieben Mal fallen – acht Mal aufstehen. Eine kurze und schöne Ermutigung für jeden, der etwas in seinem Leben zu ändern versucht.

TAG 36

Wir Friedenskinder

Novembriger kann Novemberwetter gar nicht sein. Es treibt mich an diesem Sonntag gemeinsam mit anderen Kunstfreunden ins Museum. Rubens, den hier eine Sonderausstellung ehrt, war auch einer dieser Tausendsassas, dessen übervolle Tage man sich gar nicht vorstellen mag. In seiner Werkstatt in Antwerpen arbeiteten rund hundert Künstler unter seiner Regie – nicht nacheinander, im Laufe der Jahre, sondern gleichzeitig. Für sie alle machte er die Zeichnungen, und sie führten die Gemälde nach seinen Vorgaben aus. Menschen allerdings malte er am liebsten doch selbst. Chef dieser großen Werkstatt zu sein war aber nur sein Erstberuf. Im zweiten war er Diplomat. Wo er schon mal am Hofe weilte, um den Regenten oder die Regentin zu malen, sprach er doch gleich auch über die Konflikte mit den Nachbarn – und das waren Dinge in der Größenordnung Niederlande kontra Spanien, Spanien kontra England! Rubens wurde 62 Jahre alt, davon herrschte 50 Jahre lang Krieg. Die restlichen zwölf Jahre waren streng genommen auch keine Friedenszeit, sondern ein lang anhaltender Waffenstillstand. Kann man sich das heute überhaupt noch vorstellen?

Bei allem, was Rubens tat, ob als Künstler oder Diplomat, hatte er deshalb ein großes Thema: den Frieden. Wir stehen vor einem riesigen Gemälde, auf dem er den Frieden als Frau darstellt – nackt und üppig, wie man das von Rubens erwartet. Aus einer ihrer Brüste spritzt Milch – direkt in den Mund eines pummeligen Kleinkindes. Wir müssen lachen. Genau solche gut genährten Friedenskinder sind wir.

Rubens selbst erlebte nicht mehr, dass tatsächlich Friede wurde. Als er 1640 starb, dauerte der Dreißigjährige Krieg noch acht Jahre an.

TAG 37 & 38

Alles so bunt hier

Vierundzwanzig Stunden in Hamburg: zwei Lesungen und ein Schreibworkshop für Schüler der sechsten Klassen. Das alles in einer Gesamtschule, die ein riesiges, allseits hochgelobtes Versuchsprojekt ist – und schon seit etwa vierzig Jahren läuft. „Acht Stunden Arbeit, acht Stunden Schlaf, acht Stunden Bildung“ hieß das Motto des Namensgebers. Was sich nach Mühe und harter Disziplin anhört, stellt sich „in echt“ dann eher als wuseliges und munteres Treiben dar. Die Kinder wirken fröhlich und sehr selbstbewusst. Während ich die erste Gruppe in ihrem Klassenzimmer begrüße, weiß ich allerdings nicht, wo ich zuerst hinschauen soll: Keine vierzig Quadratzentimeter Wand sind hier undekoriert. Poster mit Matheregeln, Poster mit englischen Grammatikregeln und natürlich Poster mit den Schulregeln. Kunst aller Art: gemalt, gesprayt, getöpfert, geknetet, geknüpft, gestrickt, gebatikt, gewalkt, gefilzt. Ein Fernseher aus Pappmaché, so groß, dass ein Kind hineinkriechen kann – jeden Tag spricht eins die Nachrichten in kindgerechter, weil eigener Sprache. Ich bin längst noch nicht fertig mit Gucken und Staunen, da müssen wir den Raum schon verlassen. Sicher ist: Nichts, was ein Kind erschafft, bleibt hier ungewürdigt.

Ausgesprochen bunt geht es auch im Teamraum alias Lehrerzimmer weiter. Lehrer/-innen können bekanntlich alles gebrauchen: Tesa, Triangel, Tonscheibe, Tablet, Tacker …

Mein Blick irrt herum, um ein Plätzchen für den Bücherstapel zu finden, den ich mit mir herumschleppe. Ein aufmerksamer Mensch schiebt sein Sammelsurium zur Seite, sodass ein Stück Tischfläche sichtbar wird – bitte schön. Die Atmosphäre ist herzlich, und auch den ganzen restlichen Tag lang regelt sich alles unkompliziert und höflich.

Aber: Kann man sich hier konzentrieren? Als Schüler? Als Lehrerin? Und bin ich vielleicht die Einzige, die daran zweifelt? Kann das Auge auf vier Kunstwerke zugleich sehen, während der Geist unabgelenkt eine Geometrieaufgabe löst?

Zur alternativen Form des Unterrichts gehört, dass die Kinder in ein und demselben Raum mit ganz unterschiedlichen Dingen befasst sind. Sie reden mehr oder minder laut oder leise, sie wechseln den Platz, bilden Gruppen, die einen besorgen Arbeitsmaterial, die anderen machen es sich auf dem Boden bequem.

„Und was ist mit den Kindern, die diese Unruhe nicht vertragen, die allein schon das Stimmengewirr verrückt macht?", frage ich die Lehrerin in der Pause.

„Wir haben allerhand Kopfhörer besorgt", erzählt sie, „diese dicken gelben Dinger, die Bauarbeiter zum Lärmschutz tragen. Wer will, setzt sich einen auf die Ohren und arbeitet ruhig für sich."

„Und was gibt's für die Augen?“, denke ich. Ganz leise und nur für mich.

TAG 39

Gute Nachricht!

In Berlin sind kleine Fortschritte zu verzeichnen. Meine Freundin berichtet es mir freudestrahlend am Telefon. Ich sehe sie zwar nicht, aber ihre Stimme klingt ganz so. Das gedrosselte Tempo ihres Lebens muss sie noch eine Weile beibehalten. Ganz langsam tut sie eins nach dem anderen. Und sehr oft nichts. Seit zwei Tagen aber mit Hoffnung und Zuversicht.

TAG 40

Weg damit!

Vielleicht hat es mit meiner Hamburgfahrt zu tun, auf jeden Fall träume ich, dass bei mir zu Hause alles zu voll ist und dass ich bis Weihnachten noch ganz viel wegräumen muss.

Ich wache auf: Alles ist eigentlich wie immer, nicht besonders voll, aber auch nicht zenmäßig leer. Ich wohne jetzt fünf Jahre hier und hatte alles, was ich besitze, vor dem Umzug radikal verhört: Kannst du innerhalb von zwei Minuten sagen, wofür du gut bist? Wenn nicht, fliegst du raus. Seitdem hat sich das eine oder andere dann doch wieder eingestellt, obwohl ich grundsätzlich ganz gut im Nichtaufheben, Nichtausdrucken und Gleichwegwerfen bin.

Aber warum nicht den Traum beim Wort nehmen und jeden Tag eine Sache wegwerfen? Bis Weihnachten. Vielleicht nur was Kleines. Ein ausgeleiertes T-Shirt. Ein Pröbchen aus der Apotheke.

Am Abend packe ich 22 Bücher in einen Karton. Ab zum Internet-Antiquar.

Irgendwie war's doch mehr als ein Pröbchen, was mich da heute Nacht gestört hat.

TAG 41 UND 42

Abschied üben

Üben, üben, üben. Was wir am Sonntag mit dem Chor singen wollen, haben wir noch nicht sicher drauf.

In meiner Wahrnehmung ist dreimal im Jahr Silvester. Anfang September, wenn das jüdische Neujahrsfest gefeiert wird, leuchtet es mir am klarsten ein, dass ein Jahr zu Ende geht und ein neues beginnt. Der Sommer ist vorbei, die Ernte ist eingebracht, das neue Schuljahr beginnt, die Uni startet neuerdings fast europaweit auch schon mit dem 1. September. Neuanfang, wohin man sieht.

Mit dem ersten Advent beginnt dann das neue Kirchenjahr. Schließlich steht das Warten auf das Kind am Anfang der ganzen (Kirchen-)Geschichte. Auch das leuchtet mir ein.

Warum man mitten in der Weihnachtszeit dagegen ein Fest feiert, das kein bisschen zur weihnachtlichen Stimmung passt, habe ich schon als Kind nicht begriffen. Dazu mitten im Winter, wenn noch weit und breit keine Spur von Frühling zu entdecken ist. Was genau soll da neu sein? Nur der Kalender? Das ist doch ein bisschen wenig.

Wie auch immer, ein Wochenende lang tragen wir das alte Kirchenjahr zu Grabe. „Mein Leib ist müde … Der saure Weg wird mir zu schwer." Vor knapp 300 Jahren durfte man es wohl einfach zugeben, wenn einem alles zu viel wurde. Kein Coach, Lebensberater oder Personal Trainer, der einem prompt auf die Schulter klopfte und sagte: „I wo! – Sie schaffen das!"

Da singe ich ja fast lieber: „Schlage doch, gewünschte Stunde …"

TAG 43

Ein Tag, ein Thema. Schön wär's.

Ein Sturm hat über Nacht auch die letzten tapferen Blätter ihrem unausweichlichen Schicksal zugeführt. Dabei ist es nicht kalt, sondern erstaunlich mild geworden. Bei frühlingshaften Temperaturen versetzt mich erst das Autoradio wieder an die richtige Stelle im Jahr. Die Kulturradio-Macher wissen tatsächlich, dass das Kirchenjahr mit dem heutigen Ewigkeitssonntag zu Ende geht. Auf „Selig sind die Toten" folgt „Wachet auf, ruft uns die Stimme". Schön.

Unseren Stadtoberen dagegen ist ein ganzer Monat Trauer und Gedenken eindeutig zu viel. Der Weihnachtsmarkt durfte gestern schon die Buden öffnen, und rechts und links des Weges zur Kirche konnten sich wohl auch die Anwohner nicht mehr länger zurückhalten: Die ersten lebensmüden Weihnachtmänner stürzen sich endlich wieder von den Fenstersimsen, um allseits Vorfreude und Kauflaune auszulösen.

Wie wär's mit einer Jahreszeit nach der anderen? Erst die Sommerferien, dann der Spekulatius. Erst das Requiem, dann Pauken und Trompeten. Und bitte nicht wieder die ersten bunten Eier im Supermarkt schon „zwischen den Jahren" anbieten!

Heute also Totengedenken, schwarzer Tee – und diese wunderbare Musik!

TAG 44

Hasenjagd

Ich begegne einem weiteren japanischen Sprichwort:

二兎を追う者は一兎をも得ず。Nito o ou mono wa itto o mo ezu. – Jemand, der zwei Hasen jagt, wird nicht einmal einen bekommen. Dass „mono“ in diesem Satz vorkommt, ist wohl purer Zufall.

Ich muss heute tatsächlich eine Hasenjagd beenden. Leider bin ich in diesem Fall nicht der Jäger, sondern der Hase. Im Konflikt mit einem Verlag hat mich die Puste verlassen. Ich werde nicht länger um mein Recht kämpfen, sondern mich verabschieden. Ein letztes Telefongespräch, ein Blumenstrauß als Entschuldigung von Verlagsseite für mich, den toten Hasen. – Adieu!

TAG 45

Erleuchtung

Ein Geburtstagsfest führt mich zum Bonner Teil der Familie. Im Zug dorthin versenke ich mich in ein Buch über christliche Erleuchtungserlebnisse. („Versenken" passt hier einfach sehr schön in den Zusammenhang; in Wirklichkeit bin ich spät dran und denke mit einem Teil meines Hirns über eine mögliche weitere Verspätung des Zuges nach.) Ein Begriff, der mir aus dem Buch entgegenspringt, kommt aber gar nicht aus der christlichen Mystik, sondern aus dem Hatha Yoga: Ekgra bezeichnet die „Einspitzigkeit des Geistes". Was für ein schönes Bild für Sammlung und Konzentration. Ich stelle mir vor, ich könnte meinen Geist anspitzen wie einen Bleistift … und dann würde ich das, worauf ich mich konzentriere, wie mit der Bleistiftspitze unterstreichen, einkringeln, schraffieren, Wort für Wort, Zeile für Zeile.

Und noch etwas lerne ich, bevor ich Bonn erreiche: Das lateinische Wort *sapere* hieß ursprünglich „schmecken", bevor es auch die Bedeutung „wissen" annahm. Heinrich Seuse, ein Mystiker, der von etwa 1295 bis 1366 am Bodensee und in der Schweiz lebte, sprach vom „süßen Himmelsduft“ und vom „Genießen Gottes“. Was er von Gott „wusste“, war das, was er „geschmeckt“ hatte, „wie wenn man einen guten Balsam aus einer Büchse gießt und die Büchse dennoch danach den guten Geruch behält. Dieser himmlische Duft blieb ihm danach viele Zeit und gab ihm eine himmlische Sehnsucht nach Gott“, vermerkte sein Biograf.

Seuse sprach als Alemanne sicher so ähnlich wie meine Schwiegermutter, und wenn die sagt: „Do schmöckt öpis ahbrännt“, dann kann es angebrannt schmecken oder angebrannt riechen. Im Alemannischen reicht ein Verb für beides.

Riechen, schmecken, wissen – so etwas nennt man heute wohl eine ganzheitliche Erfahrung. Nur dass „ganzheitlich“ so furchtbar abgedroschen klingt. Ich merke mir lieber „Balsam aus der Büchse“.

„Nächster Halt: Bonn – Bad Godesberg. Ausstieg in Fahrtrichtung rechts.“

Jetzt war ich doch tatsächlich ganz versunken.

TAG 46

Fünf Finger

Ich habe ein heikles Gespräch mit zwei Auftraggebern vor mir. Ein schon länger schwelender Konflikt soll bei einem großen ALLESAUFDENTISCH aus der Welt geräumt werden. Ich bin gut vorbereitet (glaube ich), habe mir nicht nur Notizen gemacht, sondern einzelne Sätze ausformuliert, damit sie möglichst genau so und nicht anders (und bloß nicht verquer!) rüberkommen. Trotzdem macht mich der anstehende Showdown unruhig. Nicht am Tag, da lenkt die viele Arbeit ab, aber in der Nacht.

Vor einigen Jahren habe ich einen Weg gefunden, mit guten Gedanken einzuschlafen, statt den Tag damit zu beschließen, den geistigen Restmüll von einer Hirnseite auf die andere zu bewegen. Vor dem Einschlafen stelle ich mir eine Frage: Welche fünf Dinge liefen heute gut? Oder auch: Welche fünf positiven Dinge habe ich heute erlebt?

Warum es gerade fünf sein müssen, weiß ich eigentlich nicht. Die Zahl kam mir irgendwie in den Sinn. Und da ich in friedlichen Zeiten eine begnadete Einschläferin bin, erreiche ich sowieso nie die Fünf. Nach der ersten oder zweiten

Sache, die mir eingefallen ist, sinke ich in Morpheus Arme. Über Punkt drei nachzudenken verbuche ich schon als Einschlafstörung.

Dennoch habe ich meine Übung vor ein paar Wochen verfeinert: Fünf steht jetzt für die fünf Finger einer Hand. Der hochgestreckte „Like"-Daumen fragt: Was war heute gut? Der lehrerhafte Zeigefinger: Was habe ich gelernt? Der Stinkefinger: Was war mies? Der Ringfinger: Was hat meine Verbindung zu einem anderen Menschen gestärkt? Und der kleine: Was kam zu kurz?

Auch hier kam ich bisher höchstens ein- oder zweimal bis zum kleinen Finger. Heute aber wird es mir sicher gelingen. Die innere Anspannung muss doch auch etwas Gutes haben. Also los.

Like: Kein Problem, da fällt mir gleich mehreres ein.

Der Mittelfinger meldet sich. – Quatsch, du bist noch nicht dran!

Zeigefinger: Ja, gelernt hab ich heute auch was: Wenn Indien-Wohltäter ihren Reisebericht mit gebeamten Bildern präsentieren, sollte man Butterbrot und Thermoskanne mitbringen oder aber die innere Bereitschaft, sich dem Schicksal der Ärmsten der Armen auch physisch anzunähern: kein Imbiss, keine Getränk, keine Pause, harte Stühle, ausschweifende Erläuterungen … Alle halbe Stunden auf die Uhr zu gucken und den Magen mit Bonbons zu beruhigen, macht dagegen unglücklich.

Jetzt ist er endlich dran, der Mittelfinger. Und er ist nicht nur der längste Finger, sondern heute auch ein Berg, über den ich erst mal rübermuss. Das Gespräch steht mir wieder vor Augen. Diese … wie die neulich … Ich darf gar nicht dran denken, was die für … – Aufhören! Das macht mich ja hellwach.

Ringfinger: Verbindungen gestärkt? Ja, mehrere. Allein die Mail von meinen wunderbaren Japanern …

Der Mittelfinger meldet sich schon wieder. Ist es denn wahr?! – Du warst schon dran!

Kleiner Finger: Was kam zu kurz? Wenn der Stinkefinger nicht sofort Ruhe gibt, ist es auf jeden Fall der Schlaf.

Ich fange lieber noch mal beim Daumen an: Was war gut?

TAG 47

Was muss ich da lesen?!

„Alte Schreibmaschinen helfen uns beim Projekt Entschleunigung.“ An dieser Zwischenüberschrift bleibe ich hängen, als ich die Wochenzeitung durchblättere. Ich überfliege den Artikel: Anscheinend gibt es genug Leute, die den Reiz uralter, lauter und geradezu monströser Schreibmaschinen wieder zu schätzen wissen – und zwar so, dass sie gewillt sind, in einem Kölner Auktionshaus richtiges, modernes Geld dafür auszugeben. Und was lese ich einige Zeilen weiter? „Nein, sie kann eben nicht alles in einem, die alte Oliver. Weder Nummern wählen noch plätten, sondern – ein Lob des Monotaskings – nur: schreiben.“

Und ich dachte, ich hätte das Wort Monotasking erfunden! Pustekuchen. Es ist schon in der Welt. Oder in genau dieser Woche von einer kongenialen Kollegin erfunden worden. Dann ist zumindest die Idee in der Welt und wabert um unsere Köpfe herum, bis sie sich in dem einen oder anderen zu einem Begriff verdichtet, der – ich gebe es zu – dann irgendwie doch ziemlich naheliegend ist.

Tja, es gibt Moden. Farben, die Mode werden. Hüte, Blumen, sogar Hunde. (Was haben die zwischen 1975 und 2010 unsichtbaren Pudel eigentlich gemacht, um uns mit ihrer aus der Mode gekommenen Erscheinung nicht zu belästigen und trotzdem nicht auszusterben?) Und es gibt natürlich auch geistige Moden, Gedankengänge, die gerade in vielen Köpfen ihre Spur ziehen. Aktuell also denken alle über Entschleunigung und Monotasking nach. Auch wenn manche es noch nicht so nennen. Aber zwei Autorinnen gibt es schon, die dafür dasselbe, frisch geschlüpfte Wort benutzen.

Warte nur, Duden, du wirst es noch aufnehmen!

TAG 48

Läuterung

Beim Möglichst-jeden-Tag-was-Wegwerfen geht es heute tatsächlich auch Drogerieartikeln an den Kragen. Advent bedeutet ja – wie oft hab ich das schon gehört? – Ankunft. Konkret und in meinem Kopf geht es da um die Ankunft der Weihnachtsgäste. Jeder Gast wird in meinem Bad Platz für sein Handtuch suchen, wird sein Duschgel irgendwo hinstellen wollen und es womöglich dorthin stellen, wo andere auch schon ihr Duschgel vergessen haben. Jeder wird ein Geschenk mitbringen, mancher auch ein Rumsteherle. Oder gar einen neuen Drogerieartikel?

Ich werde auch in diesem Jahr Weihnachtsgeber sein, also allerhand Leute zu mir einladen. Ob „richtig“ verwandt, geistesverwandt oder seelenverwandt, einsam oder eher froh, irgendeinem Gewusel zu entfliehen – wer genau wann kommt und wie lange bleibt, steht noch nicht fest. Aber es wird ein Anreisen und Abreisen sein – und das in meiner eher kleinen Wohnung. Freiraum zu schaffen, kann also nicht schaden.

Geben ist seliger als Nehmen. Das sagt sich meine Schwester auch immer. Wenn sie ausmistet, wirft sie die aussortierten Dinge nicht etwa weg, sondern leitet sie an mich weiter. Was ich dann etwas halbherzig mit meinen Töchtern versuche – nur entsprechend weniger erfolgreich. Und so entstehen im Keller und im Schlafzimmerschrank Ecken, die immer in der Gefahr stehen, als Orte des Fegefeuers zu dienen. Was hier hängt/steht/liegt, ist (noch) nicht verdammt, aber es muss einiges erleiden und viel Geduld beweisen, ehe es eventuell doch noch gerettet wird.

Vor nicht allzu langer Zeit scheint der Papst sich ja von der Vorstellung eines Fegefeuers verabschiedet zu haben. Man habe jahrhundertelang irgendwas falsch verstanden, hieß es. Ich bin mir da nicht so sicher. Zumindest der Gedanke der Läuterung war doch sehr schön. Aber vielleicht gehört das jetzt auch zu den Sachen, die der Mensch allein hinkriegen muss, ohne den Beistand von Himmel und Hölle?

TAG 49 & 50

Anfechtung

Das erste Adventswochenende verhält sich erst einmal vorbildlich. Pünktlich am Samstagabend beginnt es zu schneien, und am Sonntagmorgen sieht alles wie gepudert aus. Der Schock erwischt mich erst am späten Sonntagnachmittag, während ich entspannt mit Freunden zusammensitze und plaudere: Diese Adventszeit hat nur drei Wochen!

Gestern hatte ich schon so einen Verdacht: Der Kranz, den ich auf dem Markt gekauft habe, ist so gebunden, dass nur drei Kerzen draufpassen. Ich hätte irgendeins der dekorativ angeordneten Naturmaterialien abmontieren müssen, um eine vierte Kerze aufzustecken. Worauf ich dann lieber verzichtet habe. Die Drei ist ja sowieso symbolträchtiger und irgendwie himmlischer als die Vier. Vom Dreiklang bis zur Trinität, von den drei Grundfarben Rot, Gelb und Blau bis zu den Heiligen Drei Königen – warum nicht mal drei Kerzen am Adventskranz? Die Vier ist dagegen so irdisch: vier Elemente, vier Temperamente, vier Jahreszeiten … Aber dass es „in echt" nur drei Wochen sind! Heiligabend am Montag nach dem vierten Advent, das grenzt an Schikane.

Mit Monotasking weiterzumachen wird das Problem noch verschärfen. – Das ist jedenfalls mein erster Gedanke. Soll ich eine Ausnahme zulassen und mir einen Multi-Turbo-Tag pro Woche genehmigen?

Neulich erreichte mich eine Mail, die ich ohne Monotasking nie bekommen hätte. Ein Krankenhausseelsorger schrieb:

„Liebe Frau Schott, normalerweise sind Sie ja total fix mit dem Antworten. Und weil das diesmal nicht so war, ist mir dann gleich wieder die junge Ärztin von vor ein paar Wochen eingefallen, die vor ihrer Einstellung bei uns für einen Tag zum

Hospitieren kam – und an der Stationstür sozusagen tot umgefallen ist … Na, ich war also ein bisschen besorgt.

Einen fröhlichen Schreibtischtag bei guter Gesundheit wünscht Ihnen …"

Wenn ich nicht sofort antworte, glaubt dieser fürsorgliche Mitmensch also, ich läge tot im Flur! Und so kennt er mich gar nicht. Dank Monotasking wirke ich zeitweise „sozusagen tot". Soll ich mir jetzt Sorgen um die machen, die anfangen, sich um mich Sorgen zu machen? Eine Rundmail schicken: Fürchtet euch nicht! Ich mache gerade nur so einen komischen Selbstversuch. Auch wenn ihr keine Weihnachtspost bekommt: Bitte nicht die Nachbarn alarmieren und fragen, ob die Rollläden jeden Morgen hochgezogen werden. Im neuen Jahr bin ich wieder ganz die Alte: superschnell und fahrig wie immer. Ihr werdet ganz beruhigt sein.

Will ich das?

TAG 51 & 52

Bitte alles wie immer

Traditionen sind eigentlich kein Schicksal, sondern lediglich überlieferte Weisen, etwas zu tun. Das darf man sich im Dezember ruhig alle zwei Tage sagen. Es gibt – zum Glück – all diese Bräuche, die wir nicht selbst erfunden, sondern bereits übernommen haben. Und dann noch die eher wenigen, die wir tatsächlich selbst installiert haben. Zu denen gehört allerdings eine fast tragische Untergruppe: die Bräuche, die sich aus Versehen herausgebildet haben, obwohl niemand sie bei klarem Kopf eingeführt hat, die man jetzt aber nicht mehr abschaffen kann, ohne jemanden zu kränken, den man auf keinen Fall kränken möchte. Die meisten Traditionen bilden eine Art Sparprogramm für das viel beschäftigte Gehirn: Wir machen es so wie immer, dann machen wir nichts falsch. Und schneller geht es auch, weil wir das alles schon x-mal durchexerziert haben.

Zu Beginn dieser Woche begegnet mir das „Programm" überall. Die „mittelalterlichen" Vielbeschäftigten, mit denen ich ins (wegen Überlastung meist kurze) Gespräch komme, haben dabei allerdings alle ähnliche, nämlich zwiespältige

Gefühle. Mit dem Beginn des Advents sind wir auf die Zielgerade des Jahres eingebogen, und wir tauschen Sätze aus wie: „Man müsste die ganze Weihnachtsangelegenheit vereinfachen." – „Mir würde es reichen, alle zwei Jahre Weihnachten zu feiern." – „Die vielen Geschenke – das ist doch völlig übertrieben." – „Die Betriebsweihnachtsfeier: Braucht die eigentlich irgendjemand?" Doch wer konkret, wenn auch ganz vorsichtig, etwas zu ändern versucht, scheitert an den Jüngeren, also den eigenen Kindern und jüngeren Kollegen – und natürlich an den Älteren, den eigenen Eltern, dem Clan, der Patentante Frieda. „Es war doch immer so schön. Lass es uns doch einfach machen wie im letzten Jahr!" – „Weniger Geschenke? Das können wir vielleicht nächstes Jahr mal versuchen. Dieses Jahr bitte noch nicht!" – „Mama, warum hast du denn keinen Adventskalender? Nur weil wir nicht mehr zu Hause wohnen?"

Also wird auch in diesem Jahr alles wieder so sein wie in den vergangenen Jahren. Und tatsächlich wird es dann auch wieder wunderschön. Da bin ich mir sicher. Die eine oder andere Mutter wird einen Hörsturz erleiden. Der eine oder andere Vater wird das Fest fast komplett verschlafen, so k. o. ist er jetzt schon. Die eine oder andere Oma wird große Geschenke machen und gleichzeitig den Kopf darüber schütteln, welche Berge von Geschenkpapier sich heutzutage auftürmen. Aber simplify Weihnachten? Nein! Auch Erschöpfung muss sein. Die gehört einfach dazu. Genau wie zu üppiges Essen. Zu viel Wein. Zu viel Süßes. Zu viele Telefonate, in denen „Ja, es passt genau“ versichert wird, „Ja, die Farbe gefällt mir!“ und „Ja, wir machen’s uns auch gerade gaaanz gemütlich“.

Das große Fest des Überflusses verschlanken? Auf so eine dumme Idee kann wohl nur die eingeklemmte Sandwichgeneration kommen.

TAG 53

Kunst

Am Südrand des Ruhrgebiets besuche ich eine Malerin, die sich ihr Atelier mit zwei anderen Künstlerinnen teilt. Wobei „teilen“ die falschen Assoziationen weckt. Das Atelier ist ein ehemaliges Werksgebäude, in dem Schlösser und Beschläge hergestellt wurden, und so riesig, dass sich jede nach Herzenslust ausbreiten kann – was alle drei offenbar auch mit Freude tun. Die Fabrikhalle sieht aus wie ein Wimmelbild von Ali Mitgutsch, und mir fallen spontan Suchaufgaben ein: Findest du die größte Kaffeetasse? Sie ist fast so groß wie der Pappmaché-Löwe, der neben ihr steht. Tatsächlich sind auch viele Kinder Gäste des Ateliers. Hier können sie unter Anleitung malen und werkeln.

Die Schreibtische der drei Künstlerinnen stehen weit auseinander, aber gerade noch in Sichtweite voneinander, halb verstellt von riesigen Leinwänden, bunt verzierten Materialschränken, Kinder- und Erwachsenen-Kunst aller Art, Staffeleien und weniger kunstaffinen Gerätschaften wie Druckern und Kopierern. Eine Achtzigerjahre-Musikanlage thront über dem Ganzen.

„Könnt ihr so arbeiten?“, frage ich ganz vorsichtig. „Stört ihr euch nicht gegenseitig? Ich meine, mit den Kindern, der Musik …“

„Das geht super. Manchmal hören wir sogar alle zusammen ein Hörbuch neben der Arbeit.“

„Ein Hörbuch?“

„Ja, mir hilft das total. Wenn ich den Aufbau eines großen Bildes geschafft habe und dann loslegen muss, so richtig ran an die Farbe … Dann hilft mir ein Hörbuch, den Kopf abzulenken, damit meine Intuition zum Zuge kommt. Sonst stört der Kopf und quatscht dauernd dazwischen.“

„Aha.“ Ich bin baff. Multitasking kann Kunst fördern. Den Bildern, die ich betrachte, sieht man die Geschichten nicht an, die den Kopf der Künstlerin absichtsvoll auf andere Gleise gelenkt haben. Es ist ein Zyklus zum Thema Schöpfung. Aber wie die erste Schöpfung vonstattenging, ist ja auch bis heute ein Geheimnis geblieben.

TAG 54

Auferstehung

Der Nikolaustag beginnt mit einer Beerdigung. Ein Nachbar ist gestorben. Ich trauere nicht, so gut kannte ich ihn auch wieder nicht. Aber ich nehme Anteil, zusammen mit sicher mehr als hundert Gästen, die sich in der großen katholischen Pfarrkirche eng in ihre Wintermäntel wickeln und sich bemühen, die nassen Stiefel nicht auf die Kniebank zu stellen.

Zunächst herrscht leichte Irritation. Mein Nachbar war Elektromeister und hat sich sein halbes Leben lang um alles gekümmert, was in dieser Kirche mit Strom zu tun hat. Jetzt ist er noch nicht bestattet, da stört auch schon ein heller Klingelton die andächtige Stille. Der Pfarrer lässt seine Augen erst strafend über die Gemeinde gleiten – *Hat da etwa jemand sein Handy nicht …?!* Dann ist klar, dass der Ton von der Orgel kommt. Die junge Organistin tut, was sie kann, aber mit elektrischen Fehlschaltungen kennt sie sich nicht aus.

Die Messe beginnt trotzdem, der Klingelton verstummt irgendwann von selbst, und ich stelle fest: Das hier ist gar kein Beerdigungsgottesdienst. Eigentlich stand das ja auch schon auf der Einladung: Wir feiern eine Auferstehungsmesse. Für meine evangelischen Ohren hört sich das an, als wäre mein Nachbar bereits auferstanden oder als würde er es während der Messe tun. Aber dann erlebe ich eine Feier, bei der mich die Gleichzeitigkeit ganz verschiedener Dinge ausnahmsweise nicht stört, sondern beeindruckt, ja, am Ende richtig freut. Wir singen Adventslieder, aber auch Osterlieder. Und dann ein klassisches Beerdigungslied. Der Nachbar ist gestorben, aber sein Sarg steht gar nicht in der Kirche, und der Tod steht auch nicht im Mittelpunkt der Messe. Es geht um das Leben, um die Geburt, die wir bald feiern werden, um das, was wir erwarten und worauf wir uns freuen können.

Zur Bestattung auf den Friedhof gehe ich nicht mit. Die Messe hat eine volle Stunde gedauert, und ich muss einen Termin einhalten. Aber das macht nichts. Ich habe ein bisschen Ostern im Advent gefeiert und werde meiner Nachbarin mein Beileid aussprechen, wenn ich sie demnächst wieder im Waschkeller treffe. Im Leben nach dem Tod. Im vorläufigen Leben nach diesem Tod.

TAG 55–57

Das große Verpassen

Wenn es nicht so hochtrabend klingen würde, könnte ich schreiben: Der Himmel hilft mir beim Monotasking. Erst mit Schnee und immer mehr Schnee. Und dann mit Eis.

Kurze Mails und wenige Telefonate reichen, um aus einem vollen Wochenendprogramm mit einem Bündel an Verpflichtungen eine weiße Fläche zu machen. So schön und still wie die Welt da draußen.

Mein Nachbar (nicht der verstorbene Elektriker, sondern der junge Heimwerker) ist außerdem mit dem Ausbau seines Dachkämmerchens fertig, und es herrscht auch am Freitagabend schon Sonntagsfriede. Ich lese, ich telefoniere mit anderen Slow-Downern, ich arbeite ein bisschen an der Variante eines Spiels. Währenddessen füllt sich meine „Was-ich-ohne-allzu-großes-Bedauern-verpasst habe"-Liste unter anderem durch das Hinzufügen einer Weihnachtsfeier, zu der ein Verlag mich eingeladen hatte.

Ich habe Zeit nachzudenken. Fehlt mir etwas? Und hat vielleicht generell alles, was mit Mono- beginnt, doch etwas von Langeweile, Entsagung, Tristesse?

Monolog, Monokultur, Monopol – als nächstes Wort in der Reihe muss einem ja quasi Monotonie einfallen. Aber wenn ich zum Fenster hinausschaue: Das monochrome Bild der Winterlandschaft fasziniert mich. Und auch ich fühle mich irgendwie aufgeräumt. Als hätte der Schnee nicht nur auf der Terrasse das letzte immer noch nicht zusammengefegte Laub gnädig zugedeckt, sondern gleichzeitig auch alle Restposten meiner inneren To-do-Liste.

Für den Fall, dass jemand vom Chor sich verpflichtet fühlen sollte, bei diesem Wetter zum Singen zu erscheinen, mailt die Organisatorin ein Rilke-Gedicht in die Runde:

Es treibt der Wind im Winterwalde
die Flockenherde wie ein Hirt
und manche Tanne ahnt, wie balde
sie fromm und lichterheilig wird,
und lauscht hinaus;
den weißen Wegen streckt sie die Zweige hin,
bereit und wehrt dem Wind
und wächst entgegen
der einen Nacht der Herrlichkeit.

Ihr könnt euch auch ohne „Action“ auf Weihnachten vorbereiten, soll das wohl heißen. Sozusagen tannen-mäßig. Ich bin ihr dankbar.

TAG 58

Superspaßig!

Natürlich erfahre ich doch noch detailliert, was ich verpasst habe. Und siehe da: Die Weihnachtsfeier muss ein echtes Multi-Bespaßungs-Highlight gewesen sein. Es gab einfach alles: Sketche, Reden, Spiele, Essen, Tombola, Fotoshooting … „Und falls jemandem langweilig wurde, konnte er währenddessen noch sein Tischset verzieren. Das war sogar vorgesehen. Auf jedem Tisch lagen Stifte, Kleber und ein paar Deko-Sachen."

„Oha!", denke ich leise. „Da bin ich aber knapp an einer Veranstaltung vorbeigeschrammt, die mich mit Schwung aus dem Monotasking herauskatapultiert hätte …"

TAG 59 UND 60

Teresa und der Drache

Endlich, Wochen nachdem mir die heilige Theresa den Tipp gegeben hatte, folge ich ihm. Ich kaufe und installiere ein Diktiersystem (das hört sich einfacher an, als es ist, aber ich lasse jetzt mal die mehrtägigen Zwischenschritte weg) und mache mich ans Diktieren. Diesen Text hier diktiere ich gerade. O. k., die Heilige schreibt sich ohne „h", aber der Rest ist in Ordnung. Lustig wird es erst, als ich beginne, meinen Lieben erste diktierte Mails zu schicken. Meine Freundin Mark Gerät erkennt ihren Vornamen partout nicht wieder. Und dass die Software selbst meinen eigenen Namen nicht kennt, kränkt mich dann doch ein bisschen: Hanna schaut. Ich versuche es erneut: Heiner schaut. Spreche ich so undeutlich? Nochmal: Heiner Sport. So ungewöhnlich ist der Name ja eigentlich nicht. Jetzt reicht es aber: Heiner Shortcut! Vielleicht geht es mit bekannteren besser?

Angela Merkel. Tatsächlich, die kennt er. Joe Cocker. Auch den. Arge Angie loco Rallye. An einen Komponisten der Barockzeit erinnert das nur von sehr ferne. Aber mein System heißt auch „Drache", und für allzu Feingeistiges fehlt ihm vielleicht das Sensorium. Sieh mal einer an, ein Sensorium hat er bzw. kennt er zumindest. Feingeistiges in einem Vorort ist ihm dagegen als Begriff nicht bekannt, und natürlich meinte ich in einem Wort und nicht in einem vor Ort. Ach, es gibt auch diese dritte Möglichkeit. Ich werde hier noch zur linguistischen, nein: Schreibling, gut ist denn! Weißt du denn immer noch nicht, was ich meine? Zur Sprachforscher darin! Gegen weibliche Formen der Berufsbezeichnung scheint der Drache etwas zu haben. Ich werde mich ums Ländern bemühen müssen. Ich gebe auf. Der Drache ist ein alter Macho. Hach, Macho kennt er. Aber Spender kennt er nicht! Jetzt schreibe ich es einfach mit der Hand: Gender! Ich muss die Software gendern, liebe Drachen und Drachinnen, versteht ihr das?!

Ich diktiere wieder: Das Diktieren soll mir Zeit sparen. Eines Tages. Vielleicht eines fernen Tages? Am heutigen Tag sicher nicht. Was aber sicher ist: Ich habe mich einige Stunden nur mit einer einzigen Sache beschäftigt – und dabei viel Spaß gehabt. Als Monotask(g)ing-Assistenten kann ich den Drachen also empfehlen. Und dass er selber gar nicht weiß, was Mono Task gehindert ist, dass verzeihe ich ihm großzügig.

TAG 61

Blick ins Archiv

Wenn das Hirn kein neues Futter kriegt, geht es an die Vorräte. Ich stelle mir jedenfalls vor, dass das im Kopf so ähnlich funktioniert wie im Rest des Körpers, zum Beispiel beim Abnehmen. Wenn ich nicht für Nachschub sorge, sagt sich der Hunger: Jetzt geht es an den Speck. Ich reduziere ja schon einige Wochen lang den geistigen „Input", jedenfalls die mentale Mischmasch-Kost, all die vielen kleinen Happen zwischendurch: ein Fetzen Radio-Feature hier, ein halbes Musikstück da, eine mit halbem Ohr und einem Auge verfolgte Nachrichtensendung, ein paar Buchseiten, die ich überfliege, während ich „eigentlich" telefoniere. Und siehe da, mein Geist zieht ein paar alte Schätzchen aus dem Fundus. Das fiel mir neulich schon auf, als ich zu dem schwierigen Gespräch fuhr, allein im Auto und ohne Radiobeschallung. „Bridge over troubled water" summte ich da plötzlich vor mich hin. Keine Ahnung, wie lange ich diesen alten Hit nicht mehr im Kopf und auf der Zunge hatte. Aber er passte perfekt und ließ mich lächelnd durch die nasse Windschutzscheibe blicken.

Ich habe eigentlich immer irgendein Lied oder eine Melodie im Kopf und summe, pfeife oder singe bei allem, was nicht geistige Arbeit ist, leise vor mich hin (mit der Ausnahme von wirklich miesen Zeiten). Als ich ein Kind war, wurde man als Mädchen fürs Pfeifen noch getadelt – „Mädchen, die pfeifen, und Hähne, die kräh'n …". Jetzt kann es höchstens passieren, dass mich jemand etwas besorgt anschaut: Vor-sich-hin-Reden kann ja als Zeichen beginnender Demenz gedeutet werden. Aber Vor-sich-hin-Summen oder -Pfeifen – ist das spätkindlich oder frühdement? Oder genau auf der Schwelle zwischen beidem? Ich lächele die Leute mit unverwirrtem Blick an und kann ihnen hoffentlich die Sorge nehmen.

Im Zusammenhang mit Monotasking höre ich meinem eigenen Singen, Pfeifen und Summen wieder besser zu. Frisch Aufgeschnapptes ist jetzt ja kaum dabei, dafür kann ich einen Blick in die Vorratskammer werfen. „Da ist im Dunkeln ein helles Funkeln": Klar, die mentale Weihnachtskiste steht offen. Vielleicht liegt es ebenfalls an der dunklen Jahreszeit, dass mir Strophen von alten Liedern einfallen, die man früher auswendig lernen musste. „Die Folgezeit verändert viel und setzet jeglichem sein Ziel." Ein besonderes Faible hat mein Gedächtnis offensichtlich für knorzige Formulierungen: „Durch Sorgen und durch Ängste und durch selbsteigne Pein …" Ich liebe diese „selbsteigne Pein", der Ausdruck legt auch nach Hunderten von Jahren den Finger noch präzise auf die richtige Stelle. Und dann Erdmöbel, meine Lieblingsputzbegleitgruppe – als ich noch alles mit allem kombinierte ☺ –, allen Liedern voran „Emma“. „Mein Niederrheinexpress …“, summe ich vor mich hin. In keinem anderen Liedtext finden sich wohl die Wörter „Nordrhein-Westfalen“ und „Silageplane“. Und dann endet es auch noch mit „Amen“. Der ideale Song für melancholisch gestimmte Bahnfahrer. Und wen stimmt das Bahnfahren nicht manchmal melancholisch?

TAG 62

Unter dem Auge der Kamera

„Meine" Japaner besuchen mich, um bei mir zu kochen und anschließend den Weihnachtsmarkt zu besuchen. Es gibt Neujahrssuppe, und die dürfen wir kochen, obwohl auch in Japan das neue Jahr erst am 1. Januar beginnt. Wir haben keinen anderen Termin gefunden, uns aber bei einer in der Tradition noch fest verankerten japanischen Großmutter erkundigt, ob dieses vorgezogene Suppenessen gegen gute Sitten verstößt, Unheil bringt oder sonst wie unangemessen ist. Nein, kein Problem, guten Appetit!

Wir waschen, putzen, schnippeln und haben allein schon wegen der Sprachprobleme viel Spaß. Und ich lerne einige Basics: Klebreis zum Beispiel wird erst so gepresst, dass kleine, steinharte Briketts entstehen – nur um ihn dann zuerst unter dem Grill und dann in der Suppe wieder zu einem klebrigen, käsefondueartige Fäden ziehenden Klumpen werden zu lassen. Und der, so erzählt man mir ganz ernst, kostet in Japan am Neujahrstag immer einige ältere Menschen das Leben, weil sie an ihm ersticken. Ich höre und staune. Man muss ja nicht alles nachvollziehen können.

Was sonst zur Neujahrssuppe gehört, schmeckt mir wunderbar, und dass sich sogar Suppe mit Stäbchen essen lässt, glaube ich am Ende der Mahlzeit wirklich. Jedenfalls haben manche Menschen diese Gabe. Nur mein Platz ist bekleckert, dem Rest des Tisches sieht man nichts von dem Manöver an.

Eins aber lässt sich mit Japanern nicht bewerkstelligen: Monotasking. Schließlich muss ja alles aufs Foto. Wir kochen – und fotografieren uns beim Kochen. Wir essen – und fotografieren einander am Tisch. Wir gehen über den Weihnachtsmarkt – und so weiter und so weiter. Dass meine Gäste den Augenblick weniger intensiv erleben als ich, kann ich daraus nicht ableiten. „Wie schön!“ sagen und die Kamera zücken, sind zwei Dinge, die für sie einfach so reflexhaft aufeinanderfolgen, wie bei uns niemand niesen kann, ohne dass man ihm „Gesundheit!“ wünscht.

Wir verabschieden uns in Dunkelheit und Regen, am Straßenrand, mitten im Verkehr. Und deshalb ohne ein letztes Foto zu machen. Hoffentlich behalte ich diesen Moment voller Herzlichkeit trotzdem im Gedächtnis!

TAG 63

All-Nighter

Meine Washingtoner Tochter meldet sich per Skype. Sie hat 40 Stunden in der Uni-Bibliothek durchgearbeitet und möchte nach dem ersten Schlaf mal wieder ein Lebenszeichen geben. An ihrer Uni scheint so ein Power-Schuften weder verrückt noch besonders heldenhaft zu sein, sondern ganz normal, vor allem zu Semesterende. Ein eigenes Wort für das Durchmachen, um zu arbeiten (im Gegensatz zu unserem Durchmachen, um zu feiern) gibt es auch: pull an all-nighter, was wohl „das Nachts-Durcharbeiten durchziehen" heißen soll. In der ersten Nacht war es in der Bibliothek einmal gegen Morgen, etwa um drei Uhr, so voll und unruhig, dass es schwer war, sich in dem Gewusel zu konzentrieren, erzählt meine Tochter.

Eine Website gibt den Studenten Tipps, wie man durchhält. Ich schaue mir den Link an. Regel Nr. 1: kein Monotasking! Das steht da nicht, aber ich interpretiere es so. Sich auf eine einzige Sache konzentrieren, still, aufmerksam, mit allen Sinnen, das funktioniert übermüdet nämlich gar nicht. Wer innerlich ruhig wird, sinkt zu leicht in Schlaf, und wer

will das schon? Stattdessen ist vor allem eine nervenaufreibende Beschallung angesagt: Techno, Heavy Metal, alles, was den Schlaf raubt, ist willkommen. Dazu eiskalte Getränke, die einen häufig zur Toilette laufen lassen. (Wer ist dort je eingeschlafen?) Grelles Licht im Raum, aber mattes auf dem Bildschirm (um die geröteten Augen nicht weiter zu belasten). Wenig Kaffee, nichts Süßes, aber gern Scharfes, wenn man denn etwas essen muss. (Aber nicht zu viel, das macht müde.) Dann Fenster auf, denn Frischluft und nächtliche Kälte halten genauso wach wie ständig wippende Füße, ein ungemütlicher Stuhl und ein Wecker, der ab und zu klingelt. Nur für einen der wertvollen Tipps hatte meine Tochter weder Zeit noch Gelegenheit: Sieh einen Horrorfilm, nach dem auch der Nervenstärkste Mühe hat einzuschlafen.

Wer Angst hat, kann nicht einschlafen. Sehr praktisch!

TAG 64

Doppelbelastung

Dass heute der dritte Adventssonntag ist, merke ich in der Kirche nur am großen Adventskranz, denn heute haben die jungen Erwachsenen der Gemeinde die Gottesdienst-Regie. Mit dem Kirchenjahr und den liturgischen Zeiten haben sie es nicht so. Vielleicht liegt ihnen das Thema „Warten und Erwartung" ja auch nicht?

Der Gottesdienst beginnt eine Stunde später als sonst, dafür gibt es einen Coffee to come, man soll also zum späteren Termin etwas früher kommen. Also irgendwie doch eine adventliche Komponente.

Im Kirchenraum verstecken sich einige Sofas zwischen den Stühlen, von hier aus kann man als tiefergelegter Gast das Geschehen ganz entspannt beobachten. Das Thema des Gottesdienstes ist – der Gottesdienst. Heute ist alles anders, und wir sollen darüber nachdenken, warum das wohl so ist und wie wir das finden. Nicht leicht für jemanden, der gern Monotasking machen würde. Eigentlich unmöglich. Ich höre einen Text, der meinen „inneren Menschen" ansprechen soll. Gleichzeitig muss ich aber darüber nachdenken, warum der Text an dieser Stelle im Gottesdienst gelesen wird, wie ich den Stil finde, die Art des Vortrags und ob man solche Texte überhaupt lesen sollte. Was macht mein armer innerer Mensch so lange? Kann er sich abkoppeln und still meditieren, während mein Hirn das Analyseprogramm laufen lässt?

Kaffeetrinken und Gottesdienstfeiern sollen außerdem ganz zwanglos ineinander übergehen; der Keyboard-Spieler hat zur Ermutigung anderer deshalb seinen Kaffeepott auf das Fensterbrett unter dem Glasfenster in seinem Rücken gestellt. Ich bange etwas wegen der giggeligen Versuchsanordnung, aber der Pott fällt nicht herunter. Der Keyboarder muss wegen der erhöhten Flüssigkeitszufuhr lediglich zwischendurch verschwinden. Aber auch das macht nichts, denn wir sind alle eingeladen, uns frei im Raum zu bewegen (was dann aber – soweit ich das einschätzen kann – doch nur die tun, die wie er zur Toilette müssen).

Fast zwei Stunden dauert das Ganze, und meine Aufmerksamkeit vollzieht einen Gleiswechsel nach dem anderen. Hier die Schiene Gottesdienst, dort die Schiene Gottesdienstanalyse. Als ich gleich nach dem Segen, beim Coffee to go, meine Meinung in einen Feedback-Kasten werfen soll, bin ich so erschöpft von der doppelten Kopf- und

Herzbelastung, dass ich mich außerstande sehe, das Kuddelmuddel schriftlich zu fixieren. Vielleicht später.

Vielleicht auch gar nicht, denn es täte mir leid, hier jemanden in seiner guten Laune zu dämpfen. Um mich herum sind alle so begeistert. Während wir uns bei lauter Musik mit dem Kaffee in der Hand fröhlich anschreien, höre ich:
Es war heute alles so neu, so anders, so locker, so gar nicht klassisch-gottesdienstlich-sonntäglich!

Ja, fast so schön multitaskingmäßig wie der ganz normale Alltag.

TAG 65

Grantlerin

Der gestrige Eintrag macht mich, wenn ich ihn heute so lese, doch ein bisschen nachdenklich: Haben mich gut zwei Monate Monotasking schon zur Grantlerin gemacht? Oder fühle ich mich gar als ein besserer Mensch, der von einer Stufe, die die anderen, bitte schön, erst einmal erreichen sollen, auf andere herabschaut? Kaum etwas nervt bekanntlich so sehr wie die Ratschläge und spontanen Mini-Referate von Menschen, die gerade eine Erkenntnis gewonnen haben und nun alle Welt an ihrer neuen Weltsicht teilhaben lassen. Egal, ob es um den schädlichen Einfluss von Handystrahlen, das Gute am ganztägigen Trinken von lauwarmem Wasser, um Charaktertypologien oder wundersame Heilungen geht – wenn ich tatsächlich irgendwas unbedingt wissen muss, dann lese ich es eigentlich am liebsten in einem möglichst knappen Artikel. Ein persönliches Testimony mit bebender Stimme macht mich da eher skeptisch. Ein Mund, der überläuft, weil das Herz so voll ist – gern. Jemand, der vor Begeisterung eine Zeit lang „hin und weg" ist – faszinierend. Solange nicht dieser Unterton mitschwingt, der den Zuhörern suggeriert:

Ihr müsst das jetzt unbedingt alle genauso sehen wie ich.

Ich habe auf jeden Fall genau aus diesem Grund, sozusagen mit dem Schreckensbild der Traktat-schwingenden Missionarin vor Augen, kaum jemandem etwas von meinem Monotasking-Projekt erzählt. Außerdem weiß ich ja gar nicht, welche Schlüsse ich in der Summe ziehen werde. Dass ältere Herrschaften in den letzten Monaten vorzugsweise Bücher veröffentlichen, die die jüngeren vor der digitalen Demenz und anderen Geißeln des modernen Lebens warnen, ärgert mich. Im 17. Jahrhundert warnte man vor dem Lesen, das keinesfalls für jedermann zu empfehlen sei. Um keinen Schaden zu nehmen, brauche man zumindest für das Verkraften von Romanhandlungen schon eine gewisse seelische Robustheit. Was die modernen Warnschriften angeht, so habe ich meine

Zweifel, ob sie die Gewarnten überhaupt erreichen (auch wenn es nicht immer die digitale Demenz sein muss, die das verhindert). Auch diese Bücher dienen der Selbstvergewisserung derer, die schon immer der Meinung des Autors waren. Bestätigung zu bekommen, macht ja auch Freude. Wer lässt sich schon gern in Frage stellen? Ich nicht. Da stelle ich doch lieber andere in Frage und tue so, als sei der Boden unter meinen Füßen immer betonhart. (Ist das jetzt um die Ecke gegrantelt?)

Hoffe ich also, dass ich mich durch meinen Selbstversuch nicht zu den Zeigefingerschwingern gesellt habe. Lieber wäre mir, ich hätte die gewisse Distanz gewonnen, die es einem erlaubt, Dinge klar zu sehen, die verschwommen bleiben, wenn sie sich allzu dicht vor der Nase befinden.

Heute ist es nur eine kleine Beobachtung, eine Winzigkeit, die mir ohne meine besondere Wahrnehmungsanfälligkeit vermutlich entgangen wäre: Im Kölner Hauptbahnhof kommt mir eine Kindergartengruppe entgegen. In der Mitte eine junge Erzieherin, an jeder Hand ein Kind, in jedem Ohr einen Stöpsel zum Musikhören.

TAG 66

Stresspegelstandsmessung

Ich will ja nicht missionieren (siehe oben), aber sechs Tage vor Weihnachten nehme ich mir heraus anzumerken, was (mal ganz ehrlich gesagt und wenn ich meine Umgebung so anschaue) bemerkenswert ist: Ich spüre keinen Stress. Ich bin zwar keineswegs mit allem fertig, aber das ist nicht tragisch. „Tu nichts. Weihnachten kommt von allein" ist das Motto von Adventskalendertexten, die ein anglikanischer Bischof geschrieben hat. „Genau!", sage ich mir. Natürlich weiß ich nicht, wie gestresst oder gelassen ich wäre, wenn ich nicht schon neun Wochen Monotasking hinter mir hätte. Auf Was-wäre-wenn-Fragen gibt es nun mal keine gesicherten Antworten. Aber ich meine doch, sagen zu können, dass eine gewisse Grund-Ruhe in mein Leben eingekehrt ist. Dass Monotasking mich auf geheimnisvolle Weise dann doch irgendwie mehr schaffen ließe, kann ich dagegen nicht behaupten. Wenn ich weniger parallel tue, ist am Ende weniger getan, ganz einfach. Ja, es kann sein (und ich hoffe es), dass das wenige besser getan ist. Aber anderes dafür eben gar nicht. Die Frage ist, wie ich das werte.

Ich werte es heute mal ganz ohne Bedauern positiv. Monotasking tut mir gut, das ist mein subjektiver Eindruck. Mir. Es tut nicht unbedingt meinem Schreibtisch gut, auch nicht den Fenstern, die ich (immerhin ein wenig) dekoriert habe, ohne sie vorher zu putzen. Aber dass ich fröhlich-schulterzuckend vor ihnen stehe, ist ja auch etwas. Ein ganzes zu lektorierendes Manuskript habe ich in den Januar verschoben; wie sehr mich das im neuen Jahr noch drücken wird, kann ich nicht sagen. Was ich weiß: Der durchschnittliche deutsche Arbeitnehmer ist 14 Tage im Jahr krank. Ich habe noch alle 14 Tage gut, rein statistisch betrachtet. Selbst wenn ich ab sofort krankfeiern würde – welches andere Volk der Erde feiert eigentlich seine Krankheitszeiten? –, ich würde sie nicht mehr unterbringen können; das Jahr hat nur noch sechs Arbeitstage, für den Freiberufler vielleicht zehn. Bei etwa 25 bis 80 Prozent der Krankschreibungen geht man davon aus, dass ein seelisches Problem hinter dem Leiden steckt. (Ja, das ist ein bisschen vage, aber die Seele lässt sich nun mal ungern röntgen.) Wenn es mir gut geht, auch wenn ich weniger schaffe, absolviere ich also eine Art Prophylaxeprogramm zur Erhaltung meiner Gesundheit, auch im nächsten Jahr. Vielleicht sollte meine Krankenkasse Monotasking in den Bonuspunkte-Katalog aufnehmen!?

TAG 67

Frühstücks-Marathon

Es ist mir ungeheuer peinlich, aber ausgerechnet heute Morgen bin ich von einem Stresstraum wach geworden. Zu meiner Rettung kann ich immerhin berichten, was mein erster Gedanke nach dem Aufwachen war: Seit ich Monotasking mache, hatte ich ja gar keine Stressträume mehr! Mir war es nur noch nicht aufgefallen. Normalerweise träume ich immer wieder mal, was wohl die meisten Menschen träumen, die viel unterwegs sind und öfter vor Publikum stehen: Mal habe ich das Buch vergessen, aus dem ich lesen soll, mal habe ich einen Koffer dabei, aber was in dem Koffer ist, gehört mir gar nicht, mal verpasse ich einen Zug, mal fährt der Zug in die falsche Richtung. Nun also war gute zwei Monate Frieden in meinem träumenden Kopf – bis heute Morgen. Da lenkte ich mein Auto durch ein Wirrwarr von Autobahnkreuzen und Schnellstraßen, an Abfahrten vorbei, die voller Hinweisschilder standen, nur dass ich keinen der Ortsnamen kannte … bis ich es vor dem Gepäckband eines Flughafenschalters zum Stehen brachte. Wo man sich allerdings weigerte, das Auto auf das Gepäckband zu hieven.

Vielleicht geht meinem entlasteten Kopf schon das Material aus und er greift auf ältere Filmstoffe zurück?

Zwei Stunden später versetze ich Telefon und Mail in Tiefschlaf und frühstücke einen ganzen Vormittag lang. Dazu habe ich eine Frau eingeladen, von der ich kaum etwas weiß, die aber – so vermute ich jedenfalls – ein ähnliches Leben führt wie ich. Sie schreibt Bücher zu ähnlichen Themen, reist zu ähnlichen Veranstaltungen und schlägt sich wahrscheinlich mit ähnlichen Problemen herum wie ich. Wir haben an diesem Morgen nur eine Aufgabe: uns zu „beschnuppern". Wir müssen kein gemeinsames Projekt aushecken, keine Idee entwickeln, keine Lösung unserer Probleme finden. Und wenn wir uns wider Erwarten doch unsympathisch sein sollten, brauchen wir uns noch nicht einmal wiederzusehen.

Wir trinken eine Kanne Kaffee und eine Kanne Tee nach der anderen und plaudern entspannt. Was für ein Luxus! Ich habe bei diesem Treffen nichts „im Hinterkopf" und sie offensichtlich auch nicht. Auch das ist eine Monotasking-Erfahrung. Wir verabschieden uns mit einem unverbindlich-zuversichtlichen Gefühl von „Schau'n mer mal".

TAG 68

Weltuntergang

Morgen soll die Welt untergehen – sagt der Maya-Kalender beziehungsweise seine Fehlinterpretation. Ich bin nach Köln eingeladen, um reinzufeiern. Eigentlich will ich nicht schon wieder durch das Winterwetter in die Großstadt fahren. Aber andererseits: Wann hat man schon mal die Gelegenheit, in einen Weltuntergang reinzufeiern? Ich mache mich also auf den Weg. Das Publikum in einer Art überdimensioniertem, halböffentlichem Wohnzimmer ist jung, der Punsch lecker, das Essen eher bescheiden. (Wer soll auch nach dem Untergang die Reste verwerten?) Das Thema heißt „Morgen", und alles, was ich so höre, klingt trotz des besonderen Datums sehr zukunftsfroh. Die Lage der überwiegend in der Kreativbranche Tätigen ist prekär, die Stimmung dennoch gut, und dass die meisten hier junge Eltern sind, spricht für sich. Fast alle jonglieren mit verschiedenen Jobs und hoffen auf bessere Zeiten. Morgen. Ohne vorherigen Untergang.

Das Paar, mit dem ich in ein längeres Gespräch komme, hat gerade den entgegengesetzten Weg eingeschlagen: Beide haben sichere, gut bezahlte Stellen, die sie zum Jahresende aufgeben werden. Sie wollen sich vom ganz normalen Wahnsinn des Arbeitslebens verabschieden. Geld oder Leben? Da nehmen sie lieber das Leben. Das Burn-out haben sie gar nicht erst abgewartet. Ihre Entscheidung empfinden sie als eine Art letzte Ausfahrt vor dem Untergang. Darauf stoßen wir an.

TAG 69

Fundsachen

Einbiegen auf die Zielgerade. Weihnachten steht vor der Tür, und mein Selbstversuch steht vor seinem Ende. Nach der letzten Chorprobe vor der Christvesper widme ich den späten Abend einigen Papierstapeln, die das zukünftige Weihnachtszimmer verunzieren; morgen um diese Zeit rückt der erste Besuch an. Die Aufgabe könnte so einfach sein: Papierkorb her, Stapel rein. Leider verfolgt mich der Gedanke, dass mit einer ungelesenen Zeitschrift oder einem nur halb gelesenem Zeitungsteil ein wunderbarer und wertvoller Gedanke ins Altpapier versinken und unwiederbringlich verloren sein könnte. Ich blättere also im Stehen, halb schon über den Papierkorb gebeugt – und siehe da: Es finden sich tatsächlich Perlen. (Ahnte ich's doch.) Da sagt zum Beispiel ein chinesischer Mönch dem Journalisten: „Der größte Eremit ist der, dem es gelingt, mitten in der Stadt zu leben." Okay, Eremitendasein gehört nun wirklich nicht zu meinem Projekt, aber mitten in einem Ballungsgebiet voller Attraktionen und Ablenkungen Monotasking zu betreiben, ist auch schon nicht schlecht. (Ich neige gegen Ende des Versuchs offensichtlich zu Eigenlob, auch das ist eine interessante Erfahrung.) Im „Psycho-Stapel" finde ich einen Satz von Viktor Frankl: „Ich lasse mir von mir selbst doch nicht alles gefallen!" Ich schreibe ihn heraus, jetzt steht er in meinem Heft mit Fundsachen aller Art, und der Stapel kann weg.

Aus einem kleinen Gemischtwarenstapel rutscht mir ein Zettel, entgegen:

„Ich wünsche uns Gefühl in den Fingerspitzen,
Robustheit der Schienenbeine,
Beweglichkeit im Kopf und Herzen
und Festigkeit im Rückgrat."

Das nehme ich schon mal als ersten Wunsch fürs neue Jahr.

TAG 70

Dazwischen

Ich stehe beim Optiker, weil ein Bügel an meiner Brille sich gelockert hat. Neben mir beweist ein urrheinisch klingender Mitbürger Nervenstärke, indem er sich zwei Tage vor Heiligabend in aller Gemütsruhe nach einem neuen Brillengestell umsieht. Nach einigem Erwägen und Verwerfen hält er ein Modell in den Händen, das ihm gar nicht so schlecht gefällt: „Legen Sie mir das zurück für zwischen die Tage?"

Der Tiefsinn dieses Satzes erschüttert mich. Gedankenverloren sehe ich zu, wie die Optikerin an meiner Brille schraubt. An der sitzt nach wenigen Handgriffen alles wieder fest, aber ich selbst verspüre ein leichtes Schweben: Der Mann hat recht. Wir verlassen gerade die Zeit. Der Kalender weist zwar noch alle Tage bis zum 31. aus, aber in Wirklichkeit verliert er gerade seine Gültigkeit. Wir geraten zwischen die Tage. Was damit auch hinfällig wird, ist die Zuschreibungen eines bestimmten Charakters, die jeder Wochentag ein ganzes Jahr lang erleiden musste. Der Montag zum Beispiel: Inbegriff der Banalität. Montags beginnt alles, was normal ist, unausweichlich, was mit Pflicht, manchmal sogar mit Fron

zu tun hat. Der Heilige Abend kann also gar nicht auf einen Montag fallen, das ist mir jetzt klar, weder in diesem Jahr noch sonst wann. Und der erste Feiertag auf keinen Fall und niemals auf einen Dienstag. Dienst-Tag! Schon das Wort spricht dagegen. Ebenso der zweite Feiertag: Auf einen Mittwoch fällt er schon mal nicht, denn wie sollte man die Mitte von etwas bestimmen, das gerade dabei ist, sich aufzulösen? Alles fällt zwischen die Tage. Wozu Stress? Wozu Sachen gleichzeitig machen?

Die Optikerin reicht mir meine Brille, die sie servicehalber noch ins Ultraschallbad getaucht hat. Ich sehe alles glasklar und schaue ihr offen ins Gesicht, während sie mir die Tür aufhält: „Ja, da war gerade nur ein Schräubchen locker …", sage ich und nicke. Ihr besorgter Blick verfolgt mich bis auf die Straße.

TAG 71–79

Being Mode

Der Kühlschrank ist so voll, dass die Tür nur noch mit Mühe schließt. Alles ist bereit. Ich wechsele vom Doing Mode zum Being Mode. Nichts mehr tun, nur noch sein. (Die Begriffe stammen nicht von mir, ich habe sie in einem Buch gefunden, aber sie beschreiben genau, was ich empfinde. Alle Achtsamkeitsprofis mögen verzeihen, wenn ich sie falsch verwende; ich leihe sie mir nur mal kurz aus.) Der Being Mode schließt nicht aus, dass ich gefühlte hundert Mal die Spülmaschine ein- und ausräume, den Müll runterbringe und die Betten umbaue. Aber es geht nicht ums Kücheaufräumen und Ordnungschaffen, es geht um das Gemeinsam-in-der-Küche-Sein, Es-einander-schön-Machen, darum, etwas Sinnvolles mit den Händen zu tun, nachdem man Stunden am Tisch gesessen und geredet, gegessen, gelacht und gespielt hat.

„Weihnachten ist die analogste Zeit des Jahres" habe ich in meiner Zeitung gelesen. Lustig, dass man „analog" steigern kann – und erstaunlich, dass dieses Wort in einer fast komplett digital umgerüsteten Welt keinen negativen Klang bekommen hat. Stimmt nicht schon eher das Gegenteil? Analog hat zwar einen leicht nostalgischen Beigeschmack, aber es steht auch für echt, authentisch, „noch richtig zum Anfassen“. Angeblich hat die Mehrheit der deutschen Eltern auch an diesem Fest ihren Kindern wieder vor allem analoges Spielzeug geschenkt, also altmodische Dinge wie Eisenbahnen, Puppen und Brettspiele (auf echten Papp-Spielplänen!). Und wir, die wir den größten Teil des Jahres nur via Telefon, Mail und Skype Kontakt pflegen, sehen uns „in echt“ und verbringen Stunden und Tage miteinander. Völlig unproduktiv, ohne Blick auf die Uhr, ohne ein Ziel, außer dem, uns daran zu freuen, dass wir zusammen sind. Wir lesen einander aus einem der geschenkten Bücher vor. Der Fernseher ist wegen des Weihnachtsumbaus zugestellt. Was an welchem Tag geschieht, kann ich kaum einzelnen Tagen zuordnen. Der eine fährt ab, die andere kommt, eine Mahlzeit geht in die andere über, der Dauerregen macht uns zu Höhlenbewohnern.

„Im Himmel ist Tag der offenen Tür“ steht auf einer der Karten, die ich an ein langes, rotes Band gehängt habe. „Der Hausherr ist gerade unterwegs. Er ist Mensch geworden.“

Wir werden beschenkt, uns fehlt keine Himmelsleiter, wir bleiben einfach hier unten und merken, dass wir alle, Gäste und Gastgeber, die Besuchten, die Empfangenden sind.

TAG 80

Ist jetzt Schluss?

Achtzig Tage Monotasking. Es ist Neujahr, und mein Experiment findet sein vorherbestimmtes Ende. Ausgerechnet jetzt, wo ich mich so dran gewöhnt habe.

Ist das komische Gefühl, das mich heute beschleicht, vielleicht sogar Bedauern?

Alle Gäste sind abgereist. Ich schicke per Mail ein paar Neujahrswünsche durch die Lande, im Augenwinkel den Fernseher mit dem Neujahrskonzert der Wiener Philharmoniker, im Ohr Strauß' Walzerklänge.

Ist das blöd, denke ich plötzlich. Und mache ich das jetzt nur, weil ich's wieder „darf"? Außerdem steh ich eigentlich gar nicht auf Wiener Walzer.

Fernbedienung her, ein Knopfdruck – da sind sie wieder, meine beiden, die mir so lieb geworden sind: Stille und ungeteilte Aufmerksamkeit.

Ich glaube, ich mache einfach weiter.

DREI MONATE SPÄTER ...

Tatsächlich, ich habe weitergemacht, und ich mache immer noch weiter. Vielleicht nicht mehr ganz so konsequent wie in den ersten achtzig Tagen, aber immer noch gern. Und natürlich – gerade bei „Übertretungen" – mit dieser gewissen, besonderen Aufmerksamkeit, mit der man im Supermarkt steht, nachdem ein neuer Lebensmittelskandal ruchbar geworden ist. Eine Art „Bewusstseinserweiterung" für Fragen der Konzentration und Gleichzeitigkeit hat sich fest installiert. Und auch für die Fastenzeit habe ich mir diesmal der Einfachheit halber nichts anderes vorgenommen, als beim Monotasking zu bleiben. „Sieben Wochen ohne Multimurks" – daraus können meinetwegen auch noch mehr werden.

Und dann sitze ich jetzt doch auf dem Meditationshöckerchen. Vor einigen Wochen hat sich die Möglichkeit aufgetan, auf beruhigend dunkelblauen Decken und – ja – mit Wollsocken in einer Gruppe zu sitzen, in der ich niemanden kenne und in der niemand mich kennt. Männer und Frauen in etwa gleicher Anzahl sitzen da, das hat mich beim ersten Mal überrascht. Geredet wird nicht. Nicht beim Kommen, nicht beim Gehen und zwischendrin sowieso nicht. Ein starkes Kontrastprogramm zu allem, was ich sonst mache. Doch kaum war ich drei Mal dort, musste ich in einer Zeitschrift lesen: „Meditation ist das neue Joggen – ein Allheilmittel-Versprechen.“ Und dann ging es um Asthma und Schmerzen, Schlaflosigkeit und erhöhte Blutzuckerspiegel: Alles wird dank Meditation besser.

Schön, wenn das stimmt. Ich wüsste aber gar nicht, wovon ich geheilt werden wollte. Ich will nur mal schweigen und nichts tun, jedenfalls nichts, was man währenddessen sieht oder hinterher vorführen muss. Betreutes und gemeinschaftliches Nichtstun und Klappehalten. Das ist in meiner Welt schon viel. Dazu Multitasking in einem neuen Sinn: Ich wiederhole etwas, und zwar immer dasselbe, ganz oft. Dieselbe Gebärde, dieselbe innere und äußere Haltung, dieselben einfachen Gedanken, die mich dankbar machen.

Bei YouTube habe ich ein Video gefunden, in dem ein Mann und eine Frau, die wie die Karikatur eines amerikanischen Paars aus dem Mittleren Westen aussehen, über „The Ancient Art of Monotasking“ sprechen. Zum Schieflachen. Eine alte Kunst! Ich sehe mich als Alltagsforscherin vorsichtig mit einem Staubpinsel über Pergamentpapier streichen … Da: der klare Hinweis auf eine Lebenskunst, die vor Jahrtausenden noch Allgemeingut war!

Mein Drache nimmt mir manchmal Arbeit ab – und manchmal dient er nur meiner Unterhaltung. „Riesenlilien“ schreibt er statt „Resilienz“ und „super Vision“ statt

„Supervision". Trotzdem hilft er immer wieder bei der Konzentration: Beim Formulieren kann ich jetzt die Augen schließen.

Im Staatstheater Karlsruhe werden Theaterbesucher gefragt: „Was treibt uns eigentlich an? Und wo treibt es uns hin?" Byung-Chul Hans Buch „Müdigkeitsgesellschaft" und Peter Handkes „Versuch über die Müdigkeit" haben die Theatermacher zu einem Abend im Dämmerschein inspiriert.

Das Besondere: Während die Besucher über unser verrücktes, trubeliges Leben nachdenken, sitzen sie nicht wie gewohnt auf ihren Theaterklappsesseln. Sie liegen. Richtig schön gemütlich, mit richtiger Bettwäsche, gedimmtem Licht, kleinen Betthupferln, die ihnen freundlich gereicht werden, auch einer leichten Rückenmassage, wenn gewünscht …

Unsere Lebensweise hat, so heißt es, ein „Volk der Müden" entstehen lassen, und an diesem Abend sollen sich die Zuschauer ruhig zu ihrer Müdigkeit bekennen, ja, sich ihr geradezu hingeben. Auch versehentliches Einschlafen braucht niemandem peinlich zu sein; ein „Masseur" trägt ein T-Shirt mit der Botschaft: It's okay if you sleep.

In den Faschingsferien war ich in Bern. Zusammen mit einer Freundin habe ich dort einen Bekannten besucht. Seine Frau ist vor anderthalb Jahren in noch recht jungem Alter gestorben. Er erzählt uns viel von ihr und zeigt uns dann ein Album, in das er alle Briefe und Karten geklebt hat, die Freunde ihm nach dem Tod seiner Frau geschickt haben. Sie war Malerin, und vieles, was dort steht, bezieht sich auf ihre Kunst. Auf einer Karte lese ich: „Man kann nicht alles auf einmal tun, aber man kann alles auf einmal lassen." Ich kenne den Satz, allerdings von einer humorigen Schwarz-Weiß-Postkarte.

Ein etwas seltsamer, ziemlich unangemessener Scherz? Ich schaue den jungen Witwer fragend an.

Er versteht meinen Blick nicht. „Ja, das ist ein wahrer Satz", sagt er nur und nimmt das Album wieder entgegen.

Wir können alles auch lassen. Und eines Tages werden wir alles lassen müssen. Ich sacke ein bisschen in meinem Sessel zusammen.

Eine Viertelstunde später dann die Überraschung: Der Trauernde steht im schicken Outfit vor uns. Es ist Sonntagabend und wir sollen ihn bitte für zwei Stunden entschuldigen. Er besucht neuerdings einen Tanzkurs. „Beim Tanzen kann man nicht seinen Gedanken nachhängen. Da tanzt man einfach nur."

Wir sind baff. Wie recht er hat. Und wie gut und einfach diese „Therapie" ist. Etwas tun, das einen vom Kopf bis zu den Füßen herausfordert und auf positive Weise völlig vereinnahmt. Monotasking eben.

Er geht.

„Einen schönen Abend!", rufen wir ihm hinterher. Und stehen schon vor seiner CD-Sammlung, um die passende Musik zu finden.

Hanna Schott

Jahrgang 1959, war Buchhändlerin und studierte dann Musikwissenschaft, Romanistik und Theologie. Nach Jahren als Verlagslektorin arbeitet sie heute als Chefredakteurin einer psychotherapeutischen Fachzeitschrift, reist und schreibt. Hanna Schott hat zwei erwachsene Töchter und lebt im Rheinland.

Oliver Weiss

Jahrgang 1966, ist Illustrator und Designer und arbeitet für Zeitungen, Zeitschriften und Buchverlage (u. a. DIE WELT, DIE ZEIT und die Süddeutsche Zeitung).

MIX
Papier aus verantwortungsvollen Quellen
FSC www.fsc.org
FSC® C084279

Verlagsgruppe Random House FSC-DEU-0100
Das für dieses Buch verwendete FSC®-zertifizierte Papier
Arctic Volume White liefert Arctic Paper Grycksbo, Schweden.

1. Auflage 2013
Bestell-Nr. 814206
ISBN 978-3-942208-06-2

Illustrationen: Oliver Weiss, Berlin
Umschlaggestaltung & Satz: Oliver Weiss, Daniel Eschner
Druck und Verarbeitung: Print Consult